Deutsch als Zweitsprache

Die Sprachschatzkarte

Ursula Frei
Illustrationen: Anne Wöstheinrich

1.–2. Schuljahr

mit CD

schubi

PraxisBuch

Kopierrecht

Das Werk und seine Teile
sind urheberrechtlich geschützt.
Mit dem Kaufpreis ist das Kopierrecht
für den persönlichen Unterrichtsgebrauch
abgegolten.
Jede weitere Vervielfältigung ohne
ausdrückliche Genehmigung des Verlages
ist untersagt. Ohne solche Genehmigung
dürfen weder das Werk noch seine Teile
in ein Netzwerk gestellt werden.
Dies gilt sowohl für das Internet
wie auch für Intranets von Schulen
oder sonstigen Bildungseinrichtungen.

Alle Rechte vorbehalten.

© 2010 SCHUBI Lernmedien AG
CH-8207 Schaffhausen
service@schubi.com
www.schubi.com

2. Auflage 2015

ISBN 978-3-86723-251-7

No 188 67

Vorwort der Autorin

Wer Schulanfänger unterrichtet, kennt das Problem: Da gibt es Kinder, die beim Eintritt in die erste Klasse bereits gut lesen können und andere, die kaum über Erfahrungen mit der Schriftsprache verfügen. Die Lehrperson ist dann gefordert, für alle ein ansprechendes und förderndes Sprachprogramm zusammenzustellen.

Für Klassenlehrerinnen und- lehrer bieten sich mittlerweile gute Lehrmittel für den Schriftspracherwerb an, die mit alternativen Unterrichtsformen die individuelle Förderung gewährleisten.

Wie aber gehen Lehrpersonen im Deutschunterricht für Kinder mit Migrationshintergrund (DaZ-Unterricht) mit diesem Problem um? Und wie ist es möglich, in jahrgangsübergreifenden Gruppen, die sich aus Kindern aus verschiedenen Klassen zusammensetzen, einen gemeinsamen Unterricht zu gestalten?

In der Sprachschatzkarte, die für den Unterricht mit Erst- und Zweitklässlern konzipiert ist, können die Arbeitsaufträge auf unterschiedlichen Niveaus erledigt werden. Das vorliegende Lehrmittel enthält eine Anlauttabelle und ist deshalb unabhängig von der in der Stammklasse gewählten Fibel einsetzbar. Der Umgang mit der Anlauttabelle wird erklärt und geübt. Ein individuelles und selbstständiges Lernen wird dadurch ermöglicht. Darauf aufbauend wird jede Schülerin und jeder Schüler verschiedene thematische „Lernorte" auf der Sprachschatzkarte entdecken und seinen persönlichen Deutsch-Sprachschatz erweitern – egal, auf welchem Stand die Kenntnisse zu Beginn sind. Die große Vielfalt an Übungsformen lässt keine Langeweile aufkommen, weckt Neugierde und schafft immer wieder neue Motivation – die Grundvoraussetzung für erfolgreiches Lernen.

Für diese abwechslungsreiche Schatzsuche wünsche ich den Kindern und Ihnen viel Vergnügen und Erfolg.

Ursula Frei

Inhalt

	Seite
1. Praxisbuch Sprachschatzkarte	5
1.1. Zielgruppe und Konzept	5
1.2. Bezüge zu den Lehrmitteln „Sprachschatzkiste" und „Anton und Zora"	5
2. Der Zweitspracherwerb in den ersten Primarschuljahren	5
2.1. Fokussierung	5
2.2. Sprechen	6
2.3. Hörverstehen	6
2.4. Verschriftung, Schreiben	6
2.5. Lesen	7
2.6. Grammatik	7
2.7. Wortschatz	7
3. Praktische Arbeit mit der Sprachschatzkarte	7
3.1. Arbeitsmaterialien	7
3.2. Die Schatzkarte	8
3.3. Die Unterrichtsthemen und Wortfelder im Jahreslauf	10
3.4. Arbeit mit Erst- und Zweitklässlern	10
3.5. Grammatikübersicht	10
3.6. Didaktische Wegleitung	11
3.7. Teamteaching	11
4. Didaktische Wegleitung	12
Lernort 1: Die Schatzkarte – Didaktische Wegleitung	13
Lernort 2: Unsere Schule – Didaktische Wegleitung	26
Lernort 3: Zu Hause – Didaktische Wegleitung	41
Lernort 4: Herbstausflug zum Bauern – Didaktische Wegleitung	58
Lernort 5: Hell und Dunkel – Didaktische Wegleitung	82
Lernort 6: Sehen, Hören & Co. – Didaktische Wegleitung	106
Lernort 7: Bauklötze und Backsteine – Didaktische Wegleitung	119
Lernort 8: Es wird wieder wärmer – Didaktische Wegleitung	131
Lernort 9: Die Schatzsuche – Didaktische Wegleitung	154
5. Weiterführendes Material	168

Einführung

1. Praxisbuch Sprachschatzkarte

1.1. Zielgruppe und Konzept

Das „Praxisbuch Sprachschatzkarte" richtet sich an Lehrkräfte, die Deutsch als Zweitsprache (DaZ) unterrichten. Es ist gedacht für den Unterricht mit Schulanfängern, also insbesondere für die ersten zwei Jahrgangsstufen der Primarschule. Das Lehrmittel kann in einem Jahr durchgearbeitet werden.

Die „Sprachschatzkarte" richtet sich bewusst an den Unterricht mit Erst- und Zweitklässlern bzw. -klässlerinnen.[1] Diese Besonderheit erfüllt zum einen die Forderung nach Individualisierung im Deutschunterricht für Schulanfänger: Fast alle Aufträge können auf verschiedenen Niveaustufen erledigt werden. Der Heterogenität in unseren Schulklassen wird somit optimal Rechnung getragen. Zum anderen kommt dies der Realität jahrgangsübergreifender Klassen oder Lerngruppen entgegen. Weiter wurde darauf geachtet, dass das Lehrmittel sowohl in einer kleinen DaZ-Fördergruppe als auch für den Unterricht im Klassenverband, u. a. auch im Teamteaching, gleichermaßen geeignet ist. Der Sprachschatzkarte liegt die Idee zugrunde, sich während eines Jahres auf einen gemeinsamen Weg durch die deutsche Sprachlandschaft zu begeben. Den Weg dabei weist die beiliegende Schatzkarte. Die Reise führt an verschiede Lernorte, wo der eigene Sprachschatz um möglichst viele wertvolle Elemente erweitert wird.

Die thematischen Kapitel, die im Laufe des Jahres im Zentrum stehen, sind alle gleich aufgebaut: Nach der Erarbeitung des entsprechenden Wortfeldes wird anhand themenbezogener Übungen mindestens ein grammatikalischer Schwerpunkt gesetzt und vertieft. Zu jedem Thema gibt es eine Lese- und eine Hörverstehensübung. Die Auftragsformen sind abwechslungsreich und greifen immer wieder auf bereits Gelerntes zurück.

1.2. Bezüge zu den Lehrmitteln „Sprachschatzkiste" und „Anton und Zora"

Die Sprachschatzkarte ist ein eigenständiges Lehrmittel und kann unabhängig von anderen Lehrmitteln für den DaZ-Unterricht mit Schulanfängern eingesetzt werden. Für die Kindergartenstufe existiert das DaZ-Lehrmittel „Praxisbuch Sprachschatzkiste", erschienen bei SCHUBI Lernmedien (Bestell-Nr. 188 66). Die Sprachschatzkarte kann als fortführendes Lehrmittel eingesetzt werden. Der Aufbau und die Idee, den eigenen Sprachschatz im Laufe des Jahres sichtbar zu erweitern, schließt an das erste Praxisbuch an. Kinder, die vorgängig mit der „Sprachschatzkiste" gelernt haben, werden da und dort auf Bekanntes stoßen. Diese Wiederholungen vermitteln ein Gefühl der Sicherheit und festigen das Gelernte. In den Wortschatzübersichten sind die Wörter mit einem * gekennzeichnet, die aus der „Sprachschatzkiste" bekannt sind.

„Anton und Zora" – ebenfalls erschienen im SCHUBI-Verlag (Bestell-Nr. 144 00 ff) – ist ein Erstschreib- und Leselehrgang für die 1. und 2. Klasse der Primarschule. Diesem Lehrmittel liegt das Prinzip „Lesen durch Schreiben" zu Grunde und basiert auf dem eigenständigen Arbeiten der Kinder im Werkstattunterricht. Die Sprachschatzkarte orientiert sich an einer Auswahl der Sachthemen der Anton & Zora-Werkstätten (vgl. 5. Kapitel) und bietet als Schreibhilfe die gleiche Anlauttabelle sowie das passende Memo- und Domino-Spiel an.

2. Der Zweitspracherwerb in den ersten Primarschuljahren

2.1. Fokussierung

In ihrer Erstsprache fühlen sich die Kinder zu Hause. Dort können sie sich auf ihr Sprachgefühl verlassen. Die Reflexion über die grammatikalischen Elemente der Erstsprache steht deshalb bei Kindern der 1. und 2. Primarklasse nicht im Vordergrund. Genau diese Sicherheit fehlt jedoch in der Zweitsprache. Fast alle Kinder reagieren darum dankbar, wenn der Blick auf etwas Bestimmtes gerichtet wird.

Deshalb wird auf der Schatzkarte der strukturierte Aufbau dieses Lehrmittels visuell unterstrichen: Wer im Laufe des Jahres den Weg, der auf der Karte einge-

---

[1] Bei den Inhalten wurde darauf geachtet, dass Mädchen und Jungen gleichermaßen zum Zug kommen. Aus Gründen der Lesbarkeit wird aber in den didaktischen Ausführungen manchmal nur die männliche Form verwendet (z. B. Erstklässler). Selbstverständlich sind dabei aber immer alle Kinder gemeint!

zeichnet ist, geht, kommt an acht verschiedenen Lernorten vorbei. Jedem Ort sind ein inhaltliches und ein bis drei grammatikalische Themen zugeordnet. Zum Abschließen jedes Themas wird von den Kindern eine selbst hergestellte Erinnerung an den entsprechenden Ort auf die Karte geklebt – aus dem sichtbar gemachten Lernerfolg wird neue Lernmotivation geschöpft.

Mit diesem gerichteten Fokus wird auch für die Kinder klar, was gerade geübt wird. Die Lernschritte können so bewältigt werden und es wird überprüfbar, ob das Besprochene verstanden wurde. Am neunten Ort ist der Schatz versteckt. Hier wird alles Gelernte erinnert und eine Schatzsuche durchgeführt.

2.2. Sprechen

Sprechen steht im Zentrum des DaZ-Unterrichts. Die Kinder sollen zum Reden ermuntert werden, was in einer Kleingruppe sicher einfacher ist als im Klassenverband. Das „Sich-verständlich-Machen" steht dabei im Vordergrund, nicht die grammatikalische Korrektheit. Ein Theaterspiel, ein Bild, eine begleitende Handlung erleichtern vielen Kindern das Sprechen. Eine pädagogisch sinnvolle Rolle der Lehrperson besteht im mündlichen Unterricht nicht (nur) in der Korrektur des Gesagten. Viel effektiver ist es meist, den Kindern bei oft gemachten Fehlern das richtige Vorbild gegenüberzustellen.

In jedem der insgesamt neun Kapitel (Lernorte) sind verschiedene Sprechanlässe vorgesehen. Natürlich werden sich in der Praxis viele zusätzliche aktuelle Möglichkeiten ergeben. Wichtig ist dabei, dass die Kinder auch miteinander sprechen, nicht nur mit der Lehrperson. Die Reaktionen der anderen Kinder auf die Äußerungen sind authentisch und als Einschätzung der eigenen Kompetenz wichtig.

Um Verwirrung zu vermeiden, sollte im DaZ-Unterricht Standarddeutsch gesprochen und Dialekt nur in Ausnahmefällen und dann bewusst und markiert verwendet werden.

2.3. Hörverstehen

Das Hörverstehen in der Zweitsprache entwickelt sich in Stufen. Dem globalen Verstehen, bei dem man lediglich die wichtigsten Informationen begreift, folgt mit der Zeit das differenzierte Aufnehmen aller inhaltlichen Details. Wo aber stehen die einzelnen DaZ-Kinder in ihrem Hörverständnis? Dies zu beantworten ist oft schwierig, verfügen die Kinder zum Teil über erstaunliche Strategien, Defizite zu „verbergen". Deshalb wurde in jedem Kapitel ein Hörtext (auf der beiliegenden CD) eingebaut, bei dem sich anschließend mit einem Arbeitsauftrag feststellen lässt, wie viel verstanden wurde. Daraus lassen sich Konsequenzen für den Unterricht ableiten. Mit kleinen einfachen Aufträgen kann das Verstehen geübt und überprüft werden.

Und hier noch ein kleines Plädoyer für das Vorlesen von kurzen, einfachen Texten: Diese Geschichten fördern die Verstehenskompetenz, lassen innere Bilder entstehen und werden von den meisten Kindern als ruhiger Zeitraum im sonst so ereignisreichen, fordernden Schulalltag dankbar entgegengenommen. Bilderbücher, die sich in der Bibliothek zu jedem Sachthema finden, sind wegen der Illustrationen für DaZ-Kinder besonders geeignet.

2.4. Verschriftung, Schreiben

Bekanntlich gibt es eine riesige Auswahl an Schreib- und Leselehrgängen. Fakt ist, dass alle Methoden bei fast allen Kindern dazu führen, dass am Ende der 2. Klasse einfache Texte geschrieben oder gelesen werden können. Während der ersten beiden Schuljahre bestehen jedoch große Unterschiede in der Schreibkompetenz. Deshalb werden in der Sprachschatzkarte möglichst viele Schreibanlässe auf unterschiedlichen Niveaus angeboten. Damit kann jedes Kind auf seinem Stand abgeholt und gefördert werden.

Wenn im Klassenverband mit dem Lehrgang „Anton und Zora", also nach der Methode „Lesen durch Schreiben" gearbeitet wird, werden die Kinder von Anfang an – mit Hilfe der Anlauttabelle – mit dem Schreiben beginnen. Arbeiten die Kinder in der ersten Klasse mit einem Lehrmittel, bei dem das synthetische, analytische oder integrierte Lesenlernen im Vordergrund steht, lässt man die ersten Schreibaufträge vielleicht beiseite oder auf freiwilliger Basis erledigen. Bei der Arbeit mit der Sprachschatzkarte sollte aber auf die Einführung der Anlauttabelle im Kapitel 4.1. (Lernort 1) – sofern noch nicht bekannt – auf keinen Fall verzichtet werden. Gerade dies gibt den Kindern die Chance, einen anderen Zugang zum Schreiben und zum Lesen zu finden.

Grundsätzlich gilt, dass die Kinder die Anlauttabelle so oft und so lange sie möchten benutzen dürfen. Am

Anfang wird das lautgetreue, nicht das orthographisch richtige Schreiben angestrebt.

Bei den Aufträgen in diesem Lehrmittel wird davon ausgegangen, dass die Kinder ungefähr ein halbes Jahr nach der Einschulung selbstständig einfache Wörter schreiben und lesen können.

2.5. Lesen

Auch was die Lesekompetenz der einzelnen Kinder betrifft, gibt es gerade während der ersten Schuljahre enorme Unterschiede. Wichtig ist ein großes Angebot an Lesemöglichkeiten, die diese Niveaus abdecken. Wenn möglich sollten auch DaZ-Kinder regelmäßig die Schul- oder Ortsbibliothek besuchen. Damit ist gewährleistet, dass Texte aus dem Interessensbereich jedes Kindes vorhanden sind – eine Voraussetzung für die Lesemotivation.

An jedem Lernort der Sprachschatzkarte finden sich Leseangebote für die Kinder. Um hier eine individuelle Förderung zu garantieren, werden einige Kinder die Aufträge selbstständig lösen, anderen wird der Text, wenn möglich von anderen Kindern, vorgelesen. Dies zeigt auch gleich den Nutzen des Lesenkönnens auf und wird die Kinder motivieren, das Lesen bald selber auszuprobieren.

2.6. Grammatik

Es ist wichtig für den Zweitspracherwerb der Kinder, dass ihnen hin und wieder bewusst wird, wie Deutsch „funktioniert". Auch ohne Nennen der grammatikalischen Termini kann über die Sprache reflektiert und die Sprachkompetenz erhöht werden. Zur Verdeutlichung zwei Beispiele aus der Sprachschatzkarte zum Thema „Verb":

- Befehle erteilen und ausführen
  (Lernort 2 – Befehlsform)

- Hören und Beurteilen, ob etwas jetzt geschieht oder früher passierte (Lernort 8 – Präsens – Präteritum/Perfekt).

Jedem Lernort auf der Schatzkarte ist mindestens ein grammatikalischer Schwerpunkt zugeordnet. Eine Zusammenstellung findet sich in Kapitel 3.4. Der erste Schwerpunkt widmet sich den Nomen. Die Bedeutung unbekannter Nomen wird von den Kindern oft spielend aufgenommen. Anders steht es mit dem dazugehörigen Geschlecht. Deshalb ist es wichtig, dass während des gesamten DaZ-Unterrichts der bestimmte Artikel möglichst oft mitgesprochen oder mitgeschrieben wird. Nur so wird sich der richtige Genus eines Nomens mit der Zeit ins Sprachgefühl fügen.

2.7. Wortschatz

Der Wortschatz jedes Kindes ist sehr individuell. Im Laufe des Jahres wird er durch Wortfelder erweitert, die gemeinsame Gespräche aus dem Erlebnisbereich aller Kinder ermöglichen.

Die Wortschatzübersichten der einzelnen Kapitel (Lernorte) umfassen die wichtigsten Wörter, die im entsprechenden Kapitel verwendet werden. Manche sehr häufig verwendeten Wörter (z. B. ja/nein) werden bereits vorausgesetzt und wurden nicht in die Listen mit aufgenommen. Wörter, die sehr selten benutzt werden, fehlen ebenfalls. Die Wörter werden in der Liste des Kapitels aufgeführt, in dem sie zum ersten Mal fokussiert verwendet werden. Auf der CD wird der gesamte Wortschatz der „Sprachschatzkarte" als Word-Datei angeboten.

Nicht alle Wörter müssen nach Durcharbeiten eines Lernortes von den Kindern aktiv benutzt werden können. Auch hier gilt: Nicht ein gemeinsamer Nenner, sondern individuelle Fortschritte jedes einzelnen sind das Ziel.

Um dem D-A-CH-Aspekt Rechnung zu tragen, wurden österreichische bzw. süddeutsche sowie schweizerdeutsche Varianten in den Fällen berücksichtigt, in denen die Benutzung der Standardvariante sehr unüblich ist. Diese Varianten werden hinter der Standardvariante aufgeführt und mit (A), (Süddt.) oder (CH) markiert.

3. Praktische Arbeit mit der Sprachschatzkarte

3.1. Arbeitsmaterialien

In der Sprachschatzkarte gibt es für die selbstständige Arbeit der Kinder und für die Lernzielüberprüfung eine große Anzahl an Kopiervorlagen sowie Materialien für die Lehrperson wie Vorlesetexte und die verschriftlichten Hörtexte. Alle Materialien finden Sie entsprechend der Verwendung geordnet am Ende jedes Kapitels sowie als ausdruckbare Datei auf der CD. Manche Arbeitsblätter werden zusätzlich in einer sprachlichen Variante für die Schweiz angeboten (z.B. ss statt ß). Darauf wird jeweils in der didaktischen Wegleitung an Ort und Stelle hingewiesen.

Die Arbeitsblätter der Kinder sollten nach der Bearbeitung in einem persönlichen Ordner abgelegt werden. Wird ein Zahlenregister in den Ordner gelegt, können die Themen nach Nummern getrennt werden. Ganz am Schluss kann die Schatzkarte gefaltet, gelocht und vorne in den Ordner gelegt werden.

Die vorzubereitenden Kopien der Arbeitsblätter sowie alle weiteren benötigten Arbeitsmaterialien sind in den Lektionen aufgeführt.

Das Lehrmittel Sprachschatzkarte beinhaltet:

Das Praxisbuch:
- Erläuterungen zu Theorie und Praxis
- Unterrichtsvorschläge zu 9 Themen
- 1 Schatzkarte (beiliegende Kopiervorlage im A3-Format, vergrößerbar auf A2)
- 3 Briefe für die Rahmengeschichte
- 90 Arbeitsblätter sowie Lehrerblätter (Geschichten und Transkripte der Hörtexte) als Kopiervorlagen
- Anlauttabelle, Memo und Domino als Kopiervorlage

Eine CD:
- Schatzkarte im A2-Format,
- farbige Anlauttabelle sowie passendes Memo und Domino
- alle Arbeitsblätter, Erinnerungsblätter und Briefe als editierbare Word-Dateien oder PDFs
- Wörterliste als Word-Datei
- 13 Hörtexte (Die Audioelemente lassen sich auch auf CD-Player abspielen.)

Liste der Hörtexte auf CD:

Track 1:	Francesco und Hanno basteln ein Monster
Track 2:	Beim Mittagessen
Track 3:	Tierstimmen
Track 4:	Wer bin ich?
Track 5:	Zwei Hirten
Track 6:	Rotkäppchen
Track 7:	Ein Haus aus Papier
Track 8:	Vogelgezwitscher
Track 9:	Was spielen wir?
Track 10-12:	Erinnerung 4: Zeichne, was du hörst!
Track 13:	Erinnerung 8: Was passiert jetzt, was passierte früher?

3.2. Die Schatzkarte

Das Kernstück dieses DaZ-Lehrmittels bildet die Schatzkarte. In eine Rahmengeschichte eingebettet (vgl. Lernorte 1 und 9) nimmt sie die Kinder mit auf eine Reise an neun verschiedene Orte. Diese Lernorte repräsentieren alle thematischen Kapitel. Bei den ersten acht Lernorten gilt es, den eigenen Sprachschatz zu erweitern. Als Beweis dafür, dass der Lernort besucht wurde, kleben die Kinder eine Erinnerung (eine Zeichnung o. ä.), an die entsprechende Stelle auf der Karte. Der letzte Lernort beinhaltet die Schatzsuche; vor der Schatzsuche wird in diesem Kapitel anhand von Erinnerungsblättern das bisher Gelernte wiederholt.

Die Schatzkarte sollte jedem Kind im A2-Format zur Verfügung gestellt werden. Die Kopiervorlage der Schatzkarte liegt diesem Lehrmittel im A3-Format bei und findet sich außerdem auf der CD im A2-Format. Letztere wird entweder für jedes Kind in einem Fachgeschäft auf festes Papier ausgedruckt oder zwei jeweils auf A3 vergrößert kopierte Hälften der Kopiervorlage werden zu einem Bild im A2-Format zusammengeklebt.

Den Kindern werden ihre Schatzkarten am Ende des Einführungskapitels (Lernort 1–4. Lektion) verteilt. Ab jetzt präsentieren sich die Schatzkarten wenn möglich für alle sichtbar irgendwo im Schulzimmer. Damit sie jederzeit zur Weiterarbeit verfügbar sind, kann man sie etwa mit Wäscheklammern an einer Schnur nebeneinander aufhängen.

Die Schatzkarte kann zwischendurch und auch am Ende als einfaches Würfelspiel benutzt werden. Die Regeln können sich aus dem aktuellen Zusammenhang ergeben (z. B.: Es muss beim Fahren mit der Figur auf Hochdeutsch laut mitgezählt werden.).

Die fertig gestalteten Schatzkarten sollten eine Weile den Klassen- oder Gruppenraum schmücken. Anschließend können sie zuvorderst im Schülerordner abgelegt

Einführung

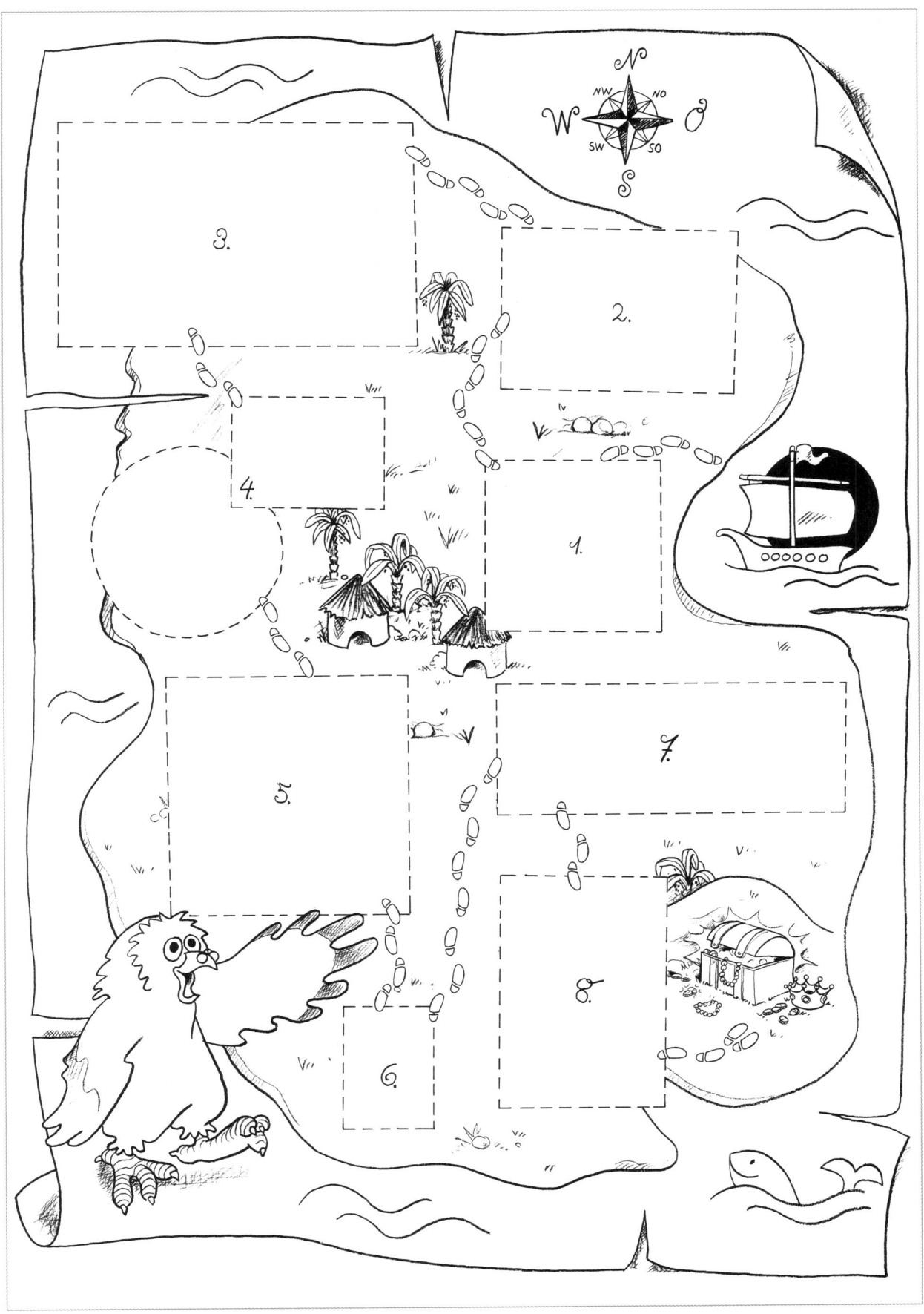

Abb.: Die Schatzkarte sollte jedes Kind im DIN-A2-Format erhalten.

werden. Durch sie wird dem Betrachter – z. B. den Eltern zu Hause – klar, an welchen Themen die Kinder im Laufe des Jahres gearbeitet haben.

3.3. Die Unterrichtsthemen und Wortfelder im Jahreslauf

Das Lehrmittel kann in einem Schuljahr wie folgt durchgearbeitet werden:

- August:
  Lernort 1: Die Schatzkarte
  (Einführungskapitel – 4 Lektionen)

- September:
  Lernort 2: Unsere Schule
  (6 Lektionen)

- September/Oktober:
  Lernort 3: Zu Hause
  (6 Lektionen)

- Oktober/November:
  Lernort 4: Herbstausflug zum Bauern
  (12 Lektionen)

- Dezember/Januar:
  Lernort 5: Hell und Dunkel
  (12 Lektionen)

- Februar:
  Lernort 6: Sehen, Hören & Co.
  (6 Lektionen)

- März:
  Lernort 7: Bauklötze und Backsteine
  6 Lektionen)

- April/Mail:
  Lernort 8: Es wird wieder wärmer
  (12 Lektionen)

- Juni:
  Lernort 9: Die Schatzsuche
  (Wiederholungskapitel – 5 Lektionen)

Selbstverständlich wird diese Planung je nach regionalen Ferienplänen angepasst werden müssen.

3.4. Arbeit mit Erst- und Zweitklässlern

Die Sprachschatzkarte ist für die Arbeit mit Kindern der ersten und zweiten Primarschulklasse gedacht (siehe Kapitel 1.1. Zielgruppe und Konzept). Altersdurchmischte Klassen sind heute eine häufig realisierte pädagogische Forderung. Die älteren Kinder können den jüngeren gegenüber Aufgaben und Verantwortung übernehmen – eine Situation, von der beide Altersgruppen profitieren. Bei fast allen Aufträgen gibt es deshalb im Lehrmittel zwei verschiedene Niveaustufen für die individuelle Arbeit. So werden Schulanfänger nicht überfordert und Zweitklässler trotzdem gefordert.

Aber auch wenn es sich um eine reine Gruppe von Erst- oder Zweitklässlern handelt, wird es innerhalb der Gruppe große Niveauunterschiede in der Schreib- und Lesekompetenz geben. Die unterschiedlichen Aufträge können diesem Problem entgegenwirken. Entsprechend dürfen Aufträge für die Zweitklässler bzw. älteren Kinder durchaus an aufgeweckte Erstklässler bzw. jüngeren Kinder erteilt werden, derweil mancher Zweitklässler froh sein wird, eine einfachere Aufgabe lösen zu dürfen.

3.5. Grammatikübersicht

- Lernort 1: Die Schatzkarte
  Nomen mit bestimmtem und unbestimmtem Artikel; Singular und Plural

- Lernort 2: Unsere Schule
  Verben: Befehlsform; Verneinung

- Lernort 3: Zu Hause
  Präpositionen; Personalpronomen; Possessivpronomen

- Lernort 4: Herbstausflug zum Bauern
  Adjektive; Steigerungsformen; Präpositionen

- Lernort 5: Hell und Dunkel
  Wiederholung der Grammatik von den Lernorten 1 bis 4

- Lernort 6: Sehen, Hören & Co.
  Adverbien; Konjunktionen

- Lernort 7: Bauklötze und Backsteine
  Fragewörter; Interrogativpronomen und W-Adverbien

- Lernort 8: Es wird wieder wärmer
  Fragewörter; Perfekt und Präteritum

- Lernort 9: Die Schatzsuche
  Wiederholung der Grammatikthemen von allen Lernorten

3.6. Didaktische Wegleitung

In der Didaktischen Wegleitung (Kapitel 4) finden sich die Gestaltungsvorschläge für die neun thematischen Kapitel oder auch Lernorte genannt. Diese sind aufgeteilt in mehrere Lektionen (je 45 min.). Der Materialhinweis in jeder Lektion ermöglicht eine einfache Vorbereitung der Stunden.

In der Praxis wird sich zeigen, dass nicht immer alle angebotenen didaktischen Arbeitsmaterialien und Schritte in einer einzigen Lektion von 45 Minuten bearbeitet werden können. Die Fülle soll dazu dienen, schnelleren Kindern ein passendes, förderndes Programm ohne viel Zusatzmaterial zu bieten. Bei den meisten Kindern wird es jedoch nötig sein, gewisse Aufträge und Lektionsteile wegzulassen. Wer auf den Arbeitsblättern was erledigen soll, muss die Lehrperson je nach Situation und Gruppe entscheiden. Das Material ist auch sehr gut geeignet, von den Kindern als Hausaufgabe bearbeitet zu werden.

Die Lektionen sind in verschiedene Phasen gegliedert (A, B, C etc.), meist in eine Einstiegsphase, einen gemeinsamen und einen individuellen Übungsteil. Dabei wurde darauf geachtet, dass sich die Sozial- und Arbeitsformen zugunsten eines ansprechenden Unterrichts für alle Lerntypen abwechseln.

3.7. Teamteaching

Seit einiger Zeit findet der DaZ-Unterricht nicht mehr zwingend losgelöst vom Klassenverband, sondern in diesen integriert statt. Im Idealfall stehen dafür zwei Lehrpersonen zur Verfügung.

Mit der Sprachschatzkarte lässt sich diese Unterrichtsform sehr gut umsetzen. Da man die meisten Aufträge auf verschiedenen Niveaus bearbeiten kann, werden auch deutschsprachige Kinder gefördert. Bei Gesprächsrunden empfiehlt sich eine Aufteilung in zwei (Niveau-)Gruppen mit je einer Lehrperson, da die einzelnen Kinder dann mehr zum Zuge kommen.

4. Didaktische Wegleitung

Damit auf einen Blick sichtbar wird, in welcher Arbeits- und Sozialform die verschiedenen Unterrichtsphasen durchgeführt werden, werden diese in den einzelnen Lektionen durch folgende Icons markiert:

SK = Sitzkreis
mit Stühlen oder auf Kissen am Boden. Diese Unterrichtsform eignet sich für sehr viele Lernsituationen und empfiehlt sich als Ausgangs- und Schlusspunkt für jede Stunde.

FU = Frontalunterricht
Die Kinder sitzen an ihren Arbeitsplätzen, die Lehrperson führt den Unterricht von vorne. Bei der Arbeit mit gewissen Hilfsmedien wie Wandtafel oder Hellraumprojektor macht diese Unterrichtsform Sinn. Auch von der Lehrperson initiierte Gespräche werden hierzu gezählt.

EA = Einzelarbeit
individuelle, stille Arbeit am Arbeitsplatz

PA = Partnerarbeit

GA = Gruppenarbeit

BU = Bewegter Unterricht
Die Kinder bewegen sich dabei durchs Schulzimmer oder Schulhaus

Abkürzungen:

1. Kl. = Erstklässlerinnen und Erstklässler (oder: einfacher Auftrag)
2. Kl. = Zweitklässlerinnen und Zweitklässler oder: schwierigerer Auftrag)

AB = Arbeitsblatt/Arbeitsblätter
HP = Hellraumprojektor/Overheadprojektor

Anmerkung:

* = Wortschatz aus Praxisbuch „Sprachschatzkiste.

Alle Kopiervorlagen der Arbeitsblätter und die Verschriftung der Hörtexte befinden sich am Ende der ‚Didaktischen Wegleitung' des entsprechenden Lernortes.

Lernort 1:

Die Schatzkarte – Didaktische Wegleitung

Wortschatz

Nomen:
die Ananas, der Anlaut, die Banane*, das Bild, der Brief*, das Buch*, der Buchstabe*, der Dinosaurier, der Drachen, die Ente, der Esel*, die Eule, das Feuer, die Gitarre, der Hut, der Igel*, die Insel, der Koffer, der Löwe, der Mond*, das Nest*, der Ofen, die Orgel, das Paket, der Roboter, das Schaf*, der Schatz, die Schatzkarte, das Segelschiff, die Sonne*, der Stein*, das Tier, der Tisch*, das Tor, das Ufo, die Unterhose*, der Wald*, das Wasser*, der Zirkus

Verben:
gehen*, haben, sein, wollen, zählen

Adjektive:
gut, offen, viel, geschlossen

Pronomen:
der*, die*, das*, ein*, eine*

Partikel:
sehr (Adverb)

Redewendung:
Das ist...; Liebe...! Wie viele...?

Grammatik

▪ Nomen mit bestimmtem und unbestimmtem Artikel
▪ Singular und Plural

Lernort 1: Die Schatzkarte

Vorschlag zur Unterrichtsgestaltung (4 Lektionen)

Der Start ins neue Schuljahr wird in jeder DaZ-Gruppe individuell gestaltet sein. Kennen sich Kinder und Lehrperson bereits, kann gleich mit der ersten Lektion begonnen werden. Sind Schulraum und Kindergruppe neu, wird die Lehrperson vorgängig eine Kennenlernstunde planen.

1. Lektion – Die Schatzkarte

A) Hörverstehen
Die Lehrperson zeigt im Sitzkreis einen Brief, den sie „bekommen hat". Die Kinder dürfen ihn öffnen, die Lehrperson liest ihn vor. Unbekannte Wörter werden dabei gleich geklärt, damit alle Kinder den Inhalt verstehen.

  Material: Brief (Kopie Brief 1) in einem Couvert, 1 leere Schatzkarte

B) Wortschatz „Anlauttabelle"
„Schauen wir uns diese Schatzkarte doch einmal an!" (Die Karte wird für alle sichtbar aufgehängt.) „Zeigt mir, wo der Weg langgeht! Wollen wir uns zusammen auf den Weg machen?" (Die Geschichte kann pantomimisch gestaltet werden, die Kinder werden schnell mitmachen.) „Kommt ihr mit auf die Reise, um den Schatz zu suchen? Dann gehen wir zusammen auf das Segelschiff, wir setzen die Segel und fahren zur Insel... ui, sind das hohe Wellen... Ah, ich sehe die Insel schon mit meinem Fernrohr ... Seid ihr alle gut gelandet? Aber was ist denn das? Da, an der Stelle, wo auf der Schatzkarte der erste weiße Fleck ist, sehe ich ein geschlossenes Tor ..."

Die Lehrperson zeigt die Anlauttabelle. Die Kinder nennen alle Gegenstände auf den Steinen des inneren Torbogens.

Anmerkung: Kinder mit fortgeschrittenen Deutschkenntnissen können ihren Wortschatz mit den Gegenständen auf den äußeren Steinen erweitern.

  Material: Kopierte oder (farbig) ausgedruckte Anlauttabelle (S. 18), wenn vorhanden als großes, farbiges Poster (SCHUBI Lernmedien, Bestell-Nr. 114 04)

C) Wortschatz „Anlauttabelle"
AB 1/1 „Zeichne die Steine":
Die Lehrperson nennt die Dinge: „der Löwe – das Schaf etc." Die Kinder suchen sie und zeichnen den Stein rundherum. Falls Zeit bleibt, kann auch noch ein Weg von Stein zu Stein eingezeichnet werden: „Du gehst vom Löwen zum Wasser, du gehst vom Wasser zum Tisch" etc.

  Material: Kopien AB 1/1

Lernort 1: Die Schatzkarte

2. Lektion – Die Anlauttabelle (1)

A) Pluralformen, Wiederholung Wortschatz „Anlauttabelle"
In der Kreismitte liegen 1, 2 oder 3 Exemplare des gleichen Tor-Steines. „Kennt ihr die Dinge noch? Auf den Steinen steht ja auch immer ein Buchstabe. Ich lese den nun und ihr müsst den richtigen Stein finden. T... ja, Tisch! Wie viele Tische seht ihr?"

> Material: 3 vergrößerte Kopien des inneren Torteils der Anlauttabelle, die Steine sind ausgeschnitten.

B) Schreiben, Wiederholung Wortschatz „Anlauttabelle"
AB 1/2 „Schreibe den Anlaut oder das Wort dazu":
Jedes Kind bekommt eine eigene Anlauttabelle und das AB 1/2:

oder

1. Kl.: Die Kinder schreiben den richtigen Buchstaben (Anlaut) zum Bild
2. Kl.: Die Kinder schreiben das Wort zum Bild. Kinder, die schon gut schreiben können und weit sind im Deutsch-Spracherwerb, schreiben den bestimmten Artikel davor.

> Material: Anlauttabelle für jedes Kind, Kopien AB 1/2

3. Lektion – Die Anlauttabelle (2)

A) Sprechen, Wiederholung Wortschatz „Anlauttabelle"
Alle Kinder ziehen verdeckt einige Memo-Kärtchen mit den bekannten Bildern. Was hast du auf deinen Bildern? Wer erfindet eine kleine Geschichte mit seinen Bildern? Es darf eine lustige Fantasiegeschichte sein. Etwa: „Ein Esel friert immer. Da schenkt ihm der Bauer einen Ofen. Das freut den Esel sehr und er schenkt dem Bauern eine Ananas."

Variante: Die Lehrperson legt eine zufällige Bildchen-Folge und die Kinder erzählen reihum eine lange Fantasiegeschichte.

> Material: Memo-Karten zum inneren Teil der Anlauttabelle (S. 21 und 22), am besten farbig von CD auf Karton ausgedruckt und auseinandergeschnitten

B) Pluralformen
AB 1/3 „Wie viele? – Zähle!" als HP-Folie:
Die Kinder suchen die bekannten Dinge auf dem Wimmelbild. Ich sehe drei Nester. Es gibt eine Sonne.

Jedes Kind bekommt AB 1/3a und AB 1/3b:
1. Kl.: Die Kinder zählen die Gegenstände und tragen die Anzahl in die entsprechenden Kästchen ein. Anschließend vergleichen die Kinder ihre Ergebnisse. „Wie viele Löwen gibt es?"
2. Kl.: Wie 1. Klasse. Die Kinder schreiben aber noch 1 bis 3 kurze Sätze auf: Ich sehe 2 Schafe. Es gibt eine Sonne.

> Material: Kopien AB 1/3a und AB 1/3b, eine Kopie von AB 1/3a auf Folie, Hellraumprojektor, für 2. Kl. liniertes Papier

Lernort 1: Die Schatzkarte

4. Lektion – Das geöffnete Tor

A) Arbeit an der Schatzkarte
AB 1/4 „Das Eingangstor":
„Weil wir nun alle Wörter und Buchstaben auf dem Eingangstor der Insel kennen, dürfen wir die Insel betreten. Schaut – das Tor ist jetzt offen. Siehst du die Insel durch das offene Tor? Zeichne sie!" Nun bekommen alle Kinder eine Schatzkarte. Zum Beweis, dass sie beim ersten Lernort waren, kleben die Kinder ihr gestaltetes und ausgeschnittenes Tor auf den ersten weißen Fleck. Wer fertig ist, schneidet einige der Puzzleteile auf dem AB 1/4 („Was gehört zusammen?") aus.

> Material: Kopien AB 1/4, Scheren, Klebestifte, Schatzkarten im A2-Format (beiliegende A3-Karte auf A2 [2 x A3] vergrößern und zusammenkleben oder Karte im A2-Format von CD im Fachgeschäft ausdrucken lassen)

B) Wiederholung Wortschatz „Anlauttabelle", Pluralformen
Die Kinder zeigen, was sie zuvor (in Phase A) ausgeschnitten haben. „Ich habe einen Mond. Wer hat ein M?" „Ich habe einen Ofen. Wer hat ein O?" Mit der Zeit liegen viele Puzzlepaare in der Kreismitte. „Wie viele Monde gibt es?" „Es gibt drei Monde."

Wenn Zeit bleibt, können die Puzzle-Paare auf ein farbiges A3-Papier aufgeklebt werden.

> Material: ausgeschnittene Puzzleteile von AB 1/4, evtl. farbiges A3-Papier, Klebestift

Lernort 1: Die Schatzkarte – Brief 1

Liebe Klasse!

Ich bin zwar eine Eule, aber wie ihr seht, ich kann schreiben, oh ja! Ich wohne zusammen mit anderen Tieren mitten im Wald. Wisst ihr, dass Eulen nur in der Nacht unterwegs sind? Am Tag schlafen sie. Ab und zu komme ich in der Nacht in euer Schulhaus. Neben Schreiben habe ich auch schon Lesen gelernt. Aber ich habe bereits alle Bücher gelesen, die wir zu Hause haben, und darum komme ich in der Nacht oft ins Schulhaus und lese dort die Bücher, die ihr hier habt. Letzte Woche habe ich am Abend eure/n Lehrer/in, Frau/Herr ... angetroffen. Sie/er hat mir erzählt, dass sie/er eine ganz besondere Klasse unterrichtet. Jeder und jede von euch kann Deutsch sprechen und verstehen. Und noch mehr: alle können eine andere Sprache noch viel besser verstehen! Stimmt das?

Frau/Herr ... hat gesagt, eure vielen Sprachen sind wie ein Schatz – ein Sprachschatz. Und im nächsten Jahr will sie/er euch helfen, euren Deutsch-Sprachschatz noch zu vergrößern. Ach, könnte ich nur auch dabei sein. Aber wie gesagt – wir Eulen schlafen, wenn die Kinder in der Schule sind.

Frau/Herr ... meint, es sei ein weiter Weg, bis der Sprachschatz ganz groß ist. Er führt an acht verschiedene Orte. An jedem Ort will sie mit euch viele spannende Dinge besprechen und tolle Sachen machen. Dabei wird dann euer Sprachschatz immer größer. Da kam mir eine Idee: Ich habe eine Schatzkarte gezeichnet – die schicke ich euch mit dem Brief mit.

Frau/Herr ... kann dann für jede und jeden von euch eine kopieren. Wer dem Weg folgt, kommt zu den acht Orten. Immer, bevor ihr den Ort wieder verlasst, müsst ihr einen kleinen Beweis auf die weiße Stelle kleben, damit man sehen kann, wo ihr überall gewesen seid.

Wenn ihr alle Orte besucht habt, zeigt mir Frau/Herr ... eure volle Schatzkarte. Und wer mit seiner Schatzkarte beweisen kann, dass sein Deutsch-Sprachschatz ganz groß geworden ist, für den verstecke ich dann als Belohnung einen Schatz.

Viel Spaß wünscht euch Eule Martha

Lernort 1: Die Schatzkarte — Anlauttabelle

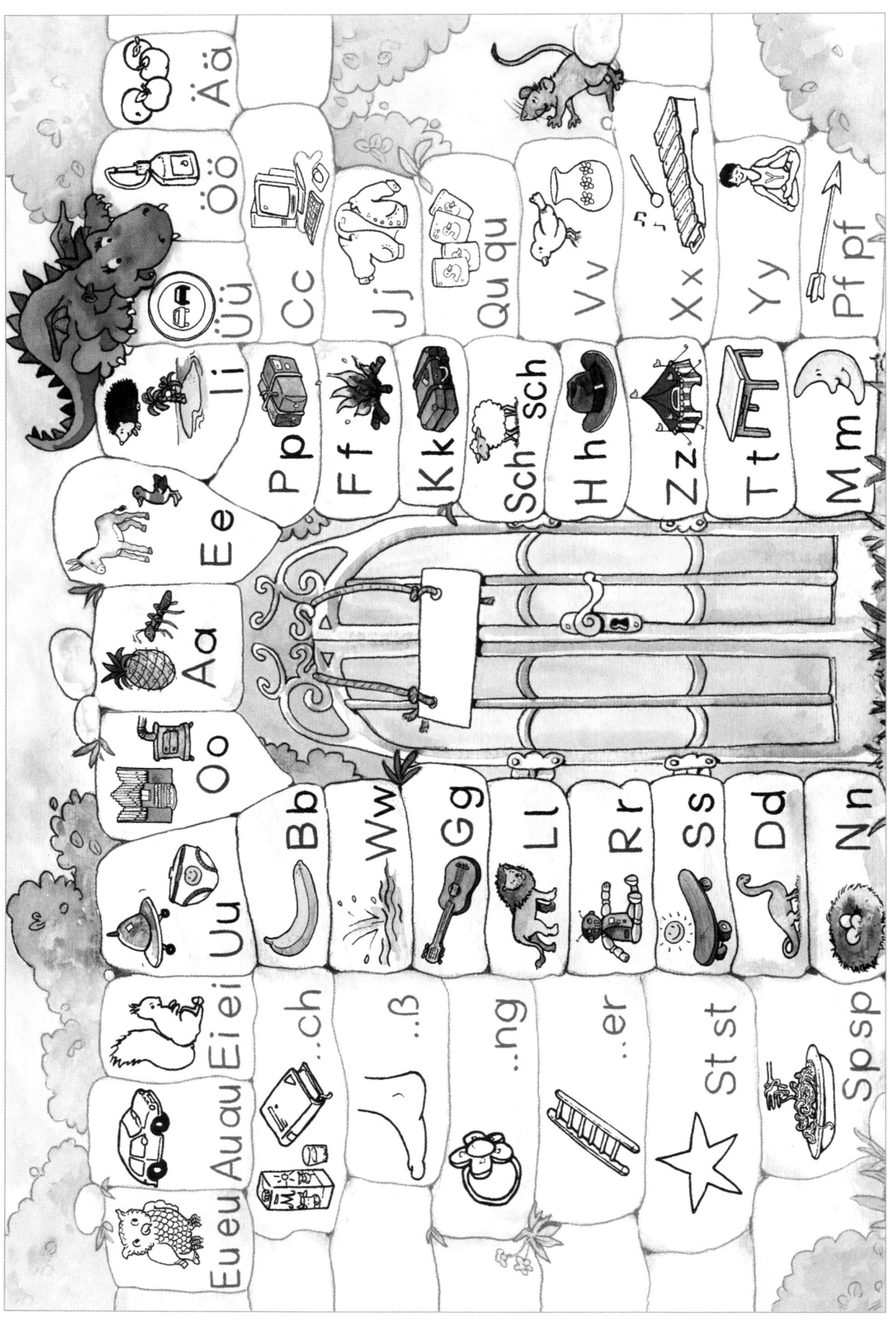

Lernort 1: Die Schatzkarte — AB 1/1

Zeichne die Steine!

  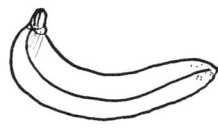 

 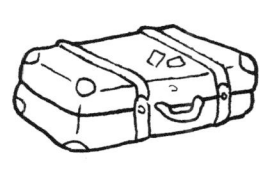  

Schreibe den Anlaut oder das Wort dazu!

_____ _____ _____ _____

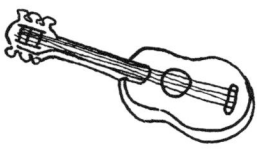  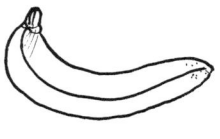 

_____ _____ _____ _____

 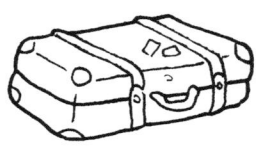  

_____ _____ _____ _____

_____ _____ _____ _____

_____ _____ _____ _____

Lernort 1: Schatzkarte – Memo

Lernort 1: Schatzkarte – Memo

Aa	Bb	Cc	Dd	Ee
Ff	Gg	Hh	Ii	Jj
Kk	Ll	Mm	Nn	Oo
Pp	Qq	Rr	Ss	Tt
Uu	Vv	Ww	Xx	Yy
Zz	Eu eu	Au au	Ei ei	..ch
..ß	..ng	..er	St st	Sp sp
Sch sch	Üü	Öö	Ää	Pf pf

Lernort 1: Die Schatzkarte – AB 1/3 a

Wie viele? – Zähle!

Wie viele? – Zähle! – Fortsetzung: 1/3 b

Lernort 1: Die Schatzkarte — AB 1/3 b

Wie viele? – Zähle! - Fortsetzung von 1/3 a

24

Lernort 1: Die Schatzkarte — AB 1/4

Das Eingangstor

Was gehört zusammen?

R · A · T

U

E · I

S · N

M · O

Lernort 2:
Unsere Schule – Didaktische Wegleitung

Wortschatz

Nomen:

der Arbeitsplatz, das Auge*, der Beruf, das Blatt*, der Bleistift*, der Buntstift/der Farbstift*, der Computer, der Farbkasten, das (Feder-)Mäppchen/die Federschachtel (A)/das (Feder-)Pennal (A)/ das Etui (CH)*, der Filzstift*, das Foto, der Füller, der Gang/der Flur, die Garderobe*, der Hausmeister, das Heft*, die Jacke*, das Klassenzimmer/das Schulzimmer (CH), der Klebstoff/der Leim (CH), der Kopf*, der Lehrer, das Monster, der Mund*, das Ohr*, der Ordner, das Papier, die Pause, das Pausenbrot/die Jause (A), der Znüni (CH)*, der Pausenhof/der Schulhof/der Pausenplatz (CH), der Pinsel, das Pult, die Putzfrau, der Radiergummi, das Regal, die Schere, der Schrank*, der Schuh*, die Schule*, das Schulhaus, die Schulleiterin, der Schulweg, der (An-)Spitzer*, der Sport, der Stuhl*, die Schultasche/der Ranzen/der Thek (CH)*, die Trinkflasche, die Turnhalle, die (Wand-)Tafel, das WC*/die Toilette/das Klo(sett), die Zahl*, die Zeichnung

Verben:

arbeiten, aufräumen*, aufkleben, basteln, beschriften/anschreiben (Süddt./CH), bleiben, dürfen, holen*, legen, lernen, lesen, malen, sich melden, nehmen, packen, rechnen, schneiden*, sich setzen*, schreiben, singen, sitzen, spielen, sprechen, stehen*, sich stellen, turnen, umfallen, wegräumen/versorgen (CH), zeichnen

Adjektive:

blau*, bunt/farbig, fertig, gelb*, grau, grün*, orange, rosa/pink, rot*, schwarz, violett*

Pronomen:

was

Partikel:

alles, anders, da*, dort, hier*, nicht*, wo* (Adverbien)

Redewendungen:

Was ist passiert? Wo ist...?*

Grammatik

- Verben: Befehlsform
- Verneinung

Lernort 2: Unsere Schule

Vorschlag zur Unterrichtsgestaltung (6 Lektionen)

1. Lektion – Orte und Gegenstände in der Schule

A) Wortschatz „Orte im Schulhaus", Befehlsform:
„Der zweite Ort auf unserer Schatzkarte ist unser Schulhaus."
Bei einem gemeinsamen Rundgang durch das Klassenzimmer und durch das Schulhaus hängen die Kinder Kärtchen mit Aufschriften (& evtl. gezeichneten Symbolen) auf. „Wo ist das WC?" „Hier ist das WC." „Wo ist die Wandtafel?" „Da/Dort ist die Wandtafel."
Die Kinder sollen anschließend die Kärtchen wieder holen: „Ahmed, hol bitte die Karte von der Wandtafel! Melis und Carla, holt die Karte beim WC!"

> Material: Klebeband, Kärtchen mit Aufschriften: das WC, die Garderobe, das Regal, der Schrank, die Wandtafel, die Turnhalle etc. – je nach örtlichen Gegebenheiten

B) Wortschatz „Gegenstände aus dem Schulalltag"
In der Mitte des Sitzkreises liegen viele Gegenstände aus dem Schulalltag (z.B. Bleistift, Lineal...). Lehrperson und Kinder schauen die Dinge an und unterhalten sich darüber: „Wo ist der Bleistift? Was brauchst du zum Zeichnen? Was ist rot?"
Anhand des Farbkastens wiederholen bzw. lernen die Kinder die Farben.

Spiel: Ein Kind dreht sich um und schließt die Augen, die Lehrperson tauscht zwei Gegenstände aus. „Was ist anders?" Das Kind nennt die beiden Gegenstände.

> Material: z. B. Bleistift, Schere, Ordner, Blatt, Heft, Filzstift, Radiergummi, Buch, Farbkasten etc. Diese Gegenstände bleiben nach der Lektion an einem Ort im Klassenzimmer aufbewahrt, da sie auch später wieder gebraucht werden.

oder

C) Wiederholung Wortschatz „Gegenstände aus dem Schulalltag", Befehlsform
AB 2/1 „Räume alles auf!":
Die Lehrperson diktiert, die Kinder malen die Gegenstände an: „Der Radiergummi ist blau. Mal den Radiergummi blau an!"

Dann ziehen sie eine Linie zum richtigen Ort: „Leg den Radiergummi ins Mäppchen/Etui! Stell den Ordner in das Regal!" etc.

> Material: Kopien AB 2/1

Lernort 2: Unsere Schule

2. Lektion – Berufe im Schulhaus

A) Wiederholung Wortschatz „Gegenstände aus dem Schulalltag"
Die Schulsachen der letzten Lektion liegen in der Mitte des Sitzkreises.

1. Kl.: Die Kinder nennen die Namen der Gegenstände und ordnen sie der Anlauttabelle richtig zu. „Das ist ein Bleistift. Ich höre am Anfang ein ‚B' wie ‚Banane'." Ein Kind schreibt das „B" auf ein Kärtchen ab und legt es zum Bleistift.
2. Kl.: Die Kinder schreiben die Namen der Gegenstände mit dem bestimmten Artikel auf die Kärtchen. Die Kärtchen können später gemischt und wieder richtig zugeordnet werden.

Material: Anlauttabelle (Siehe S. 18 oder farbige Version auf CD; wenn vorhanden im Großformat), weiße Kärtchen, Gegenstände aus 1. Lektion

B) Wortschatz „Berufe im Schulhaus":
Im Kreis: „Welche Menschen arbeiten bei uns in der Schule? Anhand von Fotos entwickelt sich ein Gespräch: Das ist Frau Müller. Sie ist die Schulleiterin. Für ihre Arbeit braucht sie einen Computer, Ordner etc."

Material: Fotos/Bilder von Menschen im Schulhaus (idealerweise „echte" aus der eigenen Schule; alternativ kann man auch von jedem Kind eine Person kurz skizzieren lassen), z. B. von der Schulleiterin, einem Lehrer, einer Putzfrau, der Sekretärin etc.

C) Wiederholung Wortschatz „Berufe im Schulhaus"
AB 2/2 „Berufe im Schulhaus":
Die Kinder kleben Fotos von Personen, die in der Schule arbeiten, auf oder zeichnen sie in die Rahmen.

oder

1. Kl.: Die Kinder schreiben den Anlaut oder den ganzen Namen des Berufes auf das AB (eventuell vorher an die Wandtafel schreiben), z. B. Lehrerin, Abwart, Schulleiter, Raumpflegerin, evtl. Schüler, Sekretärin etc.
2. Kl.: Die Kinder schreiben den Beruf auf, wie die Person heißt, was sie für ihre Arbeit braucht etc.

Material: Kopien AB 2/2, evtl. Fotos von Personen, die in der Schule arbeiten

3. Lektion – Rund ums Schulhaus

A) Sprechanlass „Schule"
AB 2/3 „Sinans Schulweg" als HP-Folie: Am besten wird der Schulhof mit dem Hellraumprojektor gezeigt. Die Figur „Sinan" unten auf der Folie wird ausgeschnitten und an verschiedene Schauplätze geschoben. Es entwickelt sich ein Gespräch, wobei die Lehrperson möglichst kurze Sprechanstöße gibt: „Sinan wohnt in diesem Haus. Jetzt geht er zur Schule. Was sieht er auf seinem Schulweg? Jetzt steht Sinan auf dem Schulhof. Was sieht Sinan? Sinan will schauen, ob er seine Trinkflasche dabei hat. Zu dumm! Die Schultasche ist umgefallen. Was hat Sinan alles in der Schultasche? Was ist dir schon passiert in der Schule?..."

Material: Folie AB 2/3, der Junge unten ist ausgeschnitten.

Lernort 2: Unsere Schule

B) Verneinung
Die Kinder schauen aus dem Fenster und stellen sich gegenseitig Logikrätsel: „Ich sehe einen Baum. Es ist nicht der größte Baum und es ist nicht der Baum bei der Kirche. Der Baum steht nicht auf dem Pausenplatz. Welcher Baum ist es?"

C) Arbeit an der Schatzkarte
Die Kinder bekommen ein Kärtchen, das sie später an den entsprechenden Ort auf der Schatzkarte kleben werden. Darauf wird das Schulhaus – am besten an Ort und Stelle – abgezeichnet.

> Material: weiße Kärtchen im Format A7, Unterlagen, Farbstifte

4. Lektion – Im Schulzimmer

A) Wiederholung Befehlsform, Verneinung:
Die Kinder müssen Befehle ausführen. „Gib mir einen Bleistift! Öffne die Türe! Hol zwei Kreiden! Stell dich auf den Stuhl!" Die Kinder dürfen wählen, ob sie den Auftrag ausführen oder ob sie antworten: „Nein, ich öffne die Türe nicht."

Jetzt dürfen die Kinder einander in gleicher Art Befehle erteilen.

B) Leseverstehen/Hörverstehen
AB 2/4 „Lorins Zeichnung" (2. Version für die CH) und 2/5 „Lorins Zeichnung – Übung":

1. Kl.: Die Lehrperson liest den Text auf AB 2/4 vor. Die Kinder bekommen das AB 2/5. Unten ist Platz, Lorins Zeichnung nachzuzeichnen. Der Text wird später zur Kontrolle nochmals vorgelesen und die Bilder verglichen.

> Material: Text auf AB 2/4 und Kopien AB 2/5 (evtl. nur unterer Teil)

2. Kl.: Die Kinder lesen den Text selbst und markieren mit einem entsprechenden Zeichen die Sätze auf dem AB 2/5.
Lösung: Richtig sind die Sätze 1 und 5.

> Material: Kopien der AB 2/4 und 2/5, evtl. zweiseitig bedruckt (= schwieriger)

Lernort 2: Unsere Schule

5. Lektion – Das gebastelte Monster

A) Hörverstehen
Einführung der Lehrperson: „Was machen die Kinder eigentlich in der Schule? Ja, sie lernen, sie singen, sie schreiben, sie spielen, zeichnen, rechnen – und basteln. Hört, was Hanno und Francesco basteln."

CD, Track Nr. 1 „Francesco und Hanno basteln ein Monster":
Zuerst wird der ganze Dialog ohne Unterbrechung vorgespielt.
Beim 2. Vorspielen unterbricht die Lehrperson an den bezeichneten Stellen den Ablauf und stellt z. B. folgende Fragen:

„Darf Hanno am Computer spielen?"
„Was brauchen Hanno und Francesco zum Basteln?"
-
„Wer möchte den Bauch des Monsters basteln?"
„Wie werden die Augen gebastelt?"
-
„Wie möchte Francesco die Ohren des Monsters basteln?"
„Welche Idee hat Hanno, um die Ohren des Monsters zu basteln?"
-
„Was müssen die Kinder vor der Pause machen?"
„Was machen Francesco und Hanno heute Nachmittag?"

- Material: CD, CD-Player, Text „Track 1" nur für die Lehrperson, obige Fragen

Auf AB 2/6 „Der Kopf des Monsters" können die Kinder zeichnen, wie der Kopf des gebastelten Monsters aussieht. Lösung: orangefarbiger Kopf, violette Augen mit schwarzen Punkten, hellblaue Haare, roter Mund, Radiergummi-Ohren

oder

- Material: Kopien AB 2/6

B) Arbeit an der Schatzkarte
Die Kinder zeichnen die Schule fertig und kleben sie an den richtigen Ort auf der Schatzkarte.

6. Lektion – In meiner Schultasche gibt es ...

A) Wortschatz-Wiederholung „Gegenstände aus dem Schulalltag"
Erinnerungsspiel im Kreis: Eine Schultasche macht die Runde von Kind zu Kind. 1. Kind: „In meiner Schultasche gibt es einen Radiergummi." Es deutet pantomimisch an, wie es den Gummi in die Schultasche legt und gibt die Tasche seinem Nachbarn. 2. Kind: „In meiner Schultasche gibt es einen Radiergummi und einen rosa Filzstift." Nun geht das Spiel weiter, bis sich die Kinder nicht mehr an alle Gegenstände in der richtigen Reihenfolge erinnern können.

Wenn die Wörter noch nicht gefestigt sind, dürfen nur Wörter gebraucht werden, die zur Materialsammlung (1. Lektion) gehören.

- Material: Leere Schultasche, evtl. Materialsammlung 1. Lektion

Lernort 2: Unsere Schule

B) Schreibanlass
AB 2/7 „Ich packe in meine Tasche..."

1. Kl.: Die Kinder zeichnen Gegenstände und schreiben wenn möglich den Anlaut oder das Wort dazu
2. Kl.: Die Kinder zeichnen Gegenstände und schreiben das Wort und den bestimmten Artikel dazu

- Material: Kopien AB 2/7

C) Sprechen
Die Kinder stellen ihre Arbeiten vor.

Weiterführendes, geeignetes Material zum Thema:

- Zora-Werkstatt „In der Schule", Schubi Lernmedien, Bestell-Nr. 114 20

Lernort 2: Unsere Schule – AB 2/1

Räume alles auf!

32

Berufe im Schulhaus

Sinans Schulweg

Lorins Zeichnung

Lorin geht in die erste Klasse.

Seine Lehrerin, Frau Kundert, möchte, dass alle Kinder das Klassenzimmer zeichnen.

Lorin nimmt einen grauen Farbstift und zeichnet das Klassenzimmer. An der Tafel stehen bunte Buchstaben und Zahlen. Das Pult von Frau Kundert ist nicht aufgeräumt. Darauf liegen vier grüne Hefte, ein Pausenbrot und zwei gelbe Ordner.

Lorins Arbeitsplatz ist gut aufgeräumt: nur seine Schultasche ist dort zu sehen. Beim Fenster stehen zwei graue Computer.

Lorin ist fertig. Jetzt muss er seine Farbstifte und den Spitzer wegräumen und darf bis zur Pause noch etwas spielen.

Lorins Zeichnung

Lorin geht in die erste Klasse.

Seine Lehrerin, Frau Kundert, möchte, dass alle Kinder das Schulzimmer zeichnen.

Lorin nimmt einen grauen Farbstift und zeichnet ein ganz grosses Schulzimmer. An der Tafel stehen bunte Buchstaben und Zahlen. Das Pult von Frau Kundert ist nicht aufgeräumt. Darauf liegen vier grüne Hefte, ein Znüni und zwei gelbe Ordner.

Lorins Arbeitsplatz ist gut aufgeräumt: nur sein Thek ist dort zu sehen. Beim Fenster stehen zwei graue Computer.

Lorin ist fertig. Jetzt muss er seine Farbstifte und den Spitzer wegräumen und darf bis zur Pause noch etwas spielen.

Lernort 2: Unsere Schule — AB 2/5

Lorins Zeichnung – Übung

Was ist richtig? Kreuze an!

1. ☐ Lorin geht in die erste Klasse.

2. ☐ Alle Kinder zeichnen das Schulhaus.

3. ☐ Das Pult von Frau Kundert ist gut aufgeräumt.

4. ☐ Lorin zeichnet drei Computer.

5. ☐ Lorin darf bis zur Pause noch etwas spielen.

Lorins Klassenzimmer:

Francesco und Hanno basteln ein Monster

Lehrerin: Wer mit dem Blatt fertig ist, darf aufräumen und noch etwas spielen. Bringt mir die Blätter aber vorher. – Danke, Hanno.
Hanno: Bitte. Darf ich auch an den Computer?
Lehrerin: Nein, heute dürft ihr nicht an den Computer. Aber ihr dürft etwas Kleines basteln, wenn ihr wollt.
Hanno: Cool. Francesco, arbeiten wir an unserem Monster weiter?
Francesco: Ja! Hol bitte eine Schere, ich bringe buntes Papier. Hol auch deinen Stuhl, wir setzen uns an meinen Arbeitsplatz.
Hanno: Ich will am Kopf des Monsters arbeiten. Den habe ich ja schon mit dem orangefarbigen Papier angefangen. Bastle du den Bauch!

— —

Francesco: Ich will den Bauch nicht basteln... Ich helfe dir beim Kopf. Ich schneide Augen aus, du kannst sie aufkleben.
Hanno: Okay, aber nimm violett für die Augen, das passt zu den hellblauen Haaren! Das sieht gut aus. Mal mit dem schwarzen Filzstift noch Punkte drauf.

— —

Lehrerin: So, ihr zwei? Wie geht es eurem Monster?
Francesco: Gut, schauen Sie! Der Kopf ist fast fertig. Ich zeichne jetzt noch den Mund.
Hanno: Nein, den Mund zeichne jetzt ich. Gib mir den roten Filzstift. Nein, ich will nicht den rosa – ich will den roten Filzstift!
Francesco: Du, Hanno, ich möchte die Ohren basteln. Ist das in Ordnung? Ich nehme dafür das hellgrüne Papier.
Hanno: Weißt du was? Wir kleben für die Ohren zwei Radiergummis an!
Francesco: Gute Idee! Hol deinen alten Radiergummi, ich hole meinen.

— —

Hanno: Cool sieht das aus!
Lehrerin: So, bald ist Pause. Räumt eure Arbeitsplätze auf. Wer fertig ist, darf in die Pause gehen.
Hanno: Schade, jetzt waren wir doch so schön am Basteln.
Francesco: Weißt du was? Wir basteln das Monster heute Nachmittag bei mir zu Hause fertig, okay?
Hanno: Gut! Ich bin um zwei bei dir!

Der Kopf des Monsters

Male hier den Kopf des Monsters, das Francesco und Hanno basteln:

Lernort 2: Unsere Schule – AB 2/7

Zeichne die Gegenstände und beschrifte sie.
Was zu Hause bleibt, zeichnest und schreibst du neben die Tasche.

Ich packe in meine Tasche …

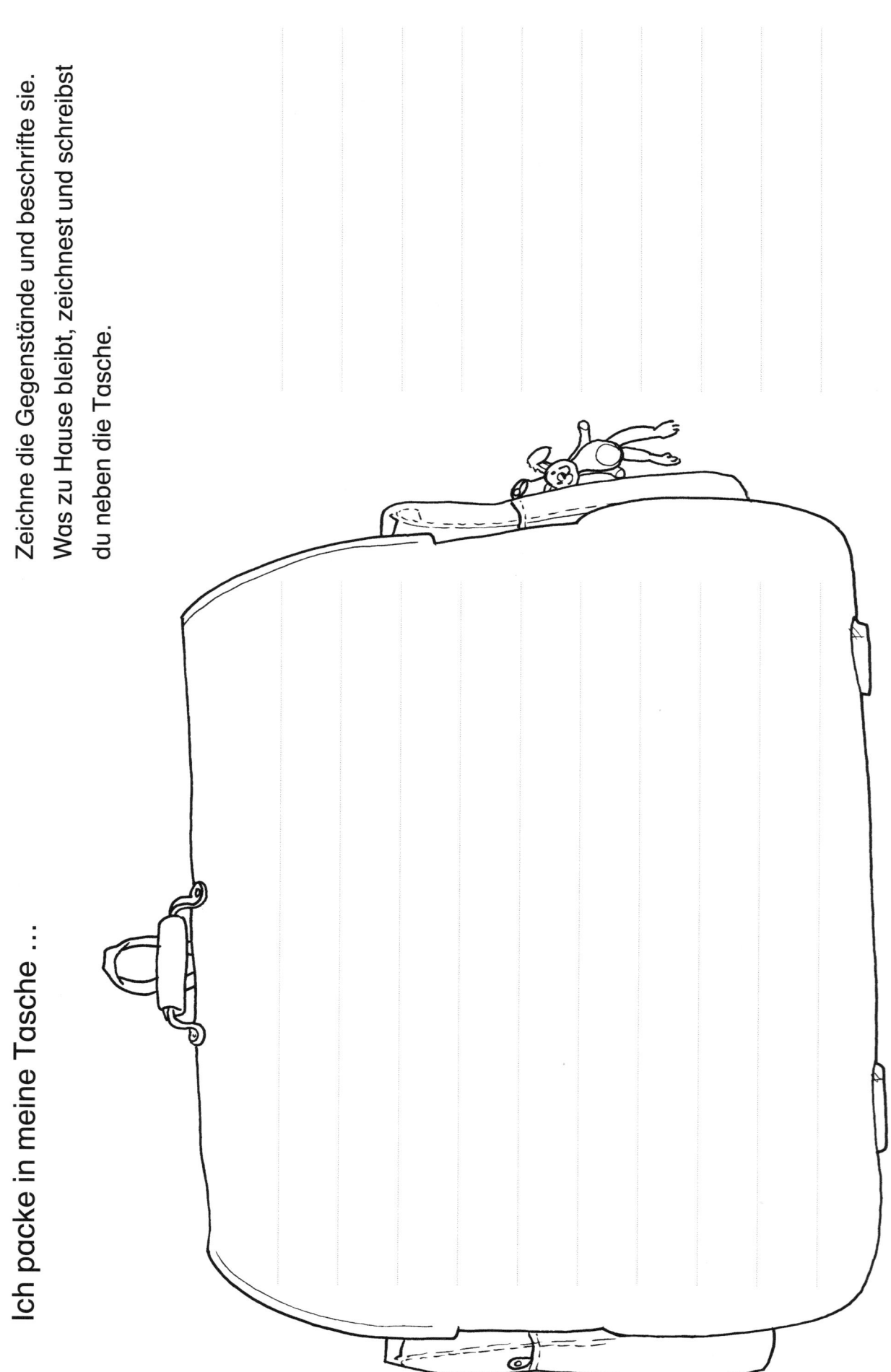

Lernort 3:
Zu Hause – Didaktische Wegleitung

Wortschatz

Nomen:
das Abendessen/das Nachtessen (CH), das Baby*, der Bruder*, der Cousin*, die Cousine*, die Familie*, das Fest*, der Garten*, der Geburtstag*, die Großeltern, die Großmutter*, der Großvater*, das Haus*, die Hausaufgabe, die Hose*, der Hund*, die Katze*, der/die/das Lieblings..., die Mama, das Mittagessen, die Mutter*, die Oma, der Onkel*, der Opa, das Osterfest, der Papa, der Pullover*, die Schwester*, der Sohn, die Tante*, die Tochter, der Vater*, der Zwilling*

Verben:
Aufgaben machen, besuchen*, essen*, feiern*, fernsehen, heißen*, helfen*, kochen, schlafen*, tun, wohnen*, wünschen*

Adjektive:
alt*, groß*, jung, klein*, lecker/köstlich/fein*(CH)

Pronomen:
dein*, deine*, du, er, es, etwas, euer/eure, ich, ihr*, ihre*, kein, mein*, meine*, sein*, seine*, unser, unsere, wir

Partikel:
alle, links, neben, rechts, zu Hause (Adverbien)
auf, bei, hinter, in, über, unter, vor, zwischen (Präpositionen)

Redewendungen:
Guten Appetit!* Hallo! Ich bin ... Jahre alt. Ich heiße...* Viel Glück*/Alles Gute zum Geburtstag! Wie heißt...?*

Grammatik

- Präpositionen
- Personalpronomen
- Possessivpronomen

Lernort 3: Zu Hause

Vorschlag zur Unterrichtsgestaltung (6 Lektionen)

1. Lektion – Familienfoto

A) Wortschatz „Familie", Personal- und Possessivpronomen, Hausaufgabe

Vorbemerkung: Der vorgeschlagene Themeneinstieg findet sich auch im „Praxisbuch Sprachschatzkiste". Die Wiederholung ist sinnvoll, da es einfacher und zum Zuhören viel interessanter ist, über die eigene Familien zu berichten als über eine fiktive. Zudem ist die DaZ-Gruppe neu zusammengesetzt.

Die Lehrperson erzählt anhand von Fotos von ihrem Wohnhaus und von ihrer Familie. Beispiel: „Ich wohne in einem kleinen Haus in der Stadt. Das ist unser Garten vor dem Haus. Mein Sohn heißt Leander. Er kocht gerne. Er ist 13 Jahre alt. Sein Bruder heißt Cornel...."
„Wie heißt dein Bruder?" etc.

Hausaufgabe für die Kinder: Fotos von zu Hause mitbringen (oder das eigene Haus und die Familie zeichnen); vgl. 3. Lektion.

> Material: Fotos vom Wohnhaus und der Familie der Lehrperson (z. B. als Folie für den Hellraumprojektor oder via Beamer vom Computer)

B) Präpositionen; rechts, links (Adverbien)
AB 3/1 „Familie Keller" (2. Version für die CH):
Die Kinder erzählen, wer zur gezeichneten Familie Keller gehört. Anschließend schneiden sie die Familienmitglieder ohne den Namen aus. Auf einem farbigen Blatt müssen die Personen gemäß immer neuen Aufträgen hingelegt werden.

„Simone steht rechts neben ihrem Vater."
„Die Großmutter steht zwischen der Mutter und Sven, dem Cousin."
„Castro sitzt vor dem Baby."
...
Als Kontrolle legt die Lehrperson die Aufträge richtig auf den Hellraumprojektor.
Nun kleben die Kinder die Personen in ihrer eigenen Anordnung, als ein selbst erfundenes „Familienfoto", auf das farbige Blatt auf.

> Material: Kopien vom AB 3/1, eine Kopie auf Folie (bereits zerschnitten), Hellraumprojektor, farbige A4-Blätter, Scheren, Klebestifte

C) Wiederholung der Präpositionen und des Wortschatzes „Familie"
Die Kinder zeigen einander die geklebten Bilder und kommentieren sie: „Auf meinem Foto sitzt Castro vor der Großmutter..."

Lernort 3: Zu Hause

2. Lektion – Wer macht was zu Hause?

A) Wiederholung des Wortschatzes „Familie"
1. Kl.: Arbeit mit der Anlauttabelle
Einstieg mit den Bildern von Familie Keller: Die Kinder benennen die Personen auf ihren „Familienfotos" und ordnen sie der Anlauttabelle richtig zu. „Das ist das Baby. Ich höre am Anfang ein ‚B' – wie ‚Banane'." Die Kinder schreiben den passenden Anlaut zur Person.

  Material: geklebte Bilder (aus Lektion 1), Anlauttabellen (wenn vorhanden eine im Großformat)

2. Kl.: Die Kinder beschriften die Personen auf ihrem „Familienfoto" (z. B. „Baby" oder „Pascal"). Wer will, darf die Namen vom vergrößerten AB abschreiben.

  Material: geklebte Bilder (aus Lektion 1), eine auf A3 vergrößerte Kopie AB 3/1

B) Wortschatz „Tätigkeiten zu Hause"
Die Lehrperson oder eines der Kinder spielen eine Tätigkeit vor, die anderen nennen sie: schlafen – essen – spielen – kochen – jemanden besuchen – fernsehen – Aufgaben machen – helfen
Die Lehrperson erteilt nun Pantomime-Aufträge: „Alle Mädchen essen! Alle Jungen kochen!"

C) Wiederholung Wortschatz „Tätigkeiten zu Hause"
AB 3/2 „Alle tun etwas":
Klassengespräch: Wer von Familie Keller tut was? Die Verben werden an der Tafel notiert.

1. Kl.: Die Kinder schreiben den Anlaut oder den ganzen Namen der Tätigkeit neben die passende Zeichnung von der Wandtafel ab.
2. Kl.: Die Kinder schreiben einen kurzen Satz daneben, z. B.: Castro schläft.

  Material: Kopien AB 3/2

3. Lektion – Meine Familie zu Hause

A) Sprechanlass, Wiederholung Wortschatz „Familie", Wiederholung Personal- und Possessivpronomen
Jedes Kind stellt, so wie die Lehrperson beim Themeneinstieg, sein Wohnhaus und seine Familie vor. Grundlage sind die mitgebrachten Fotos bzw. Zeichnungen (vgl. Hausaufgabe 1. Lektion)

  Material: mitgebrachte Fotos/Zeichnungen, evtl. auf Folie kopiert oder digital zum Zeigen mit Computer und Beamer

B) Arbeit an der Schatzkarte
AB 3/3 „Meine Familie":
Die Kinder zeichnen im unteren Haus auf dem Blatt ihre Familienangehörigen in die Fenster. Vielleicht stehen sie selbst in der Tür? Das Haus kleben die Kinder später in Lektion 5 auf die Schatzkarte.

  Material: Kopien AB 3/3, am besten auf etwas dickerem Papier

Lernort 3: Zu Hause

C) Präpositionen, Wiederholung Befehlsform

Bleibt Zeit, können zum Lektionsschluss die Präpositionen wiederholt werden: Erst erteilt die Lehrperson, dann die Kinder Befehle: „Stell dich auf deinen Stuhl! Leg dich unter den Stuhl. Stell dich rechts neben deinen Tisch/Arbeitsplatz."

Mögliche Präpositionen: vor, hinter, unter, auf, neben, bei, zwischen

Anmerkung: LP und alle Kinder müssen in die gleiche Richtung schauen (rechts/links)

4. Lektion – Verwandtschaft

A) Wiederholung Wortschatz „Familie", Wiederholung Präpositionen

Die Kinder ziehen eine Karte und erfahren so, wer sie sind (den Erstklässlern werden die Karten vorgelesen). Auf den Karten könnte z. B. stehen:

Mutter Maria Scaletti	Großmutter Helin Güler	Mutter Heidi Lange
Vater Paulo Scaletti	Mutter Derya Güler	Vater Enno Schmidt
Sohn Tonio Scaletti	Sohn Ali Güler	Tochter Pia Lange
Tochter Carina Scaletti	Baby Kemal Güler	Hund Carlos

Die „Familien" stellen sich fürs Foto auf. Jede Person stellt sich kurz vor. Die anderen Kinder kommentieren das „Bild": "Tonio steht neben seiner Schwester Carina. Die Mutter steht zwischen ihrem Mann Paulo und ihrem Sohn Tonio."

> Material: Kärtchen mit Namen und Verwandtschaftsbezeichnungen werden vorbereitet, Anzahl der Kinderzahl entsprechend

Schauspielfreudige Gruppen könnten hier anschließend ein kleines Theater aus dem Stehgreif vorspielen. Mögliche Themen: Familie Scaletti beim Abendessen; Familie Güler will heute fernsehen; Ali hat Geburtstag ...

B) Lese- und Textverständnis:

AB 3/4 und/oder AB 3/5 „Die Kinder der Familie Miller" (2. Version für die CH):
Auf AB 3/4 und 3/5 befindet sich das gleiche Logical. Die Reihenfolge der Sätze ist bei 3/5 aber so angelegt, dass das Logical schwieriger zu lösen ist. Die Lehrperson entscheidet, wer mit welchem AB arbeitet.

1. Kl.: Die Lehrperson bespricht das AB und liest anschließend die Sätze 1 bis 7 mit Pausen vor. Die Kinder malen Pullover und Hosen der Geschwister an und schreiben das Alter und die Namen der Jungen in die Lücken (evtl. helfen oder Anlaut).

> Material: Kopien AB 3/4

2. Kl.: Die Kinder lesen den Text selbst. Sie malen Pullover und Hosen der Geschwister an und schreiben das Alter und die Namen der Jungen in die Lücken.

> Material: Kopien AB 3/4 oder 3/5

Lernort 3: Zu Hause

Lösung:

Jim	Tom	Samuel
7 Jahre	7 Jahre	9 Jahre
hellgrüner Pullover	orangefarbiger Pullover	roter Pullover
blaue Hose	braune Hose	graue Hose

5. Lektion – Anas Geburtstag

A) Hörverstehen
CD, Track Nr. 2 „Beim Mittagessen"
Einführung der Lehrperson: „Es ist 12 Uhr. Ana ist soeben von der Schule nach Hause gekommen. Heute ist für Ana ein besonderer Tag. Aber hört selbst ..."
Der Hörtext wird zweimal vorgespielt. Beim 2. Mal zuhören unterbricht die Lehrperson an den markierten Stellen im Transkript (--) den Ablauf und stellt z. B. folgende Fragen:

„Wer gehört zur Familie?"
„Was ist heute für ein besonderer Tag?"
--
„Was hat Ana von Tamara bekommen?"
„Was darf Ana?"
--
„Wie heißt Anas Lehrerin?"
„Was hat sie Ana geschenkt?"
--
„Mag Ana Schokolade?"
„Was darf Ana nicht tun, damit ihr Wunsch in Erfüllung geht?"

AB 3/6 „Anas Geburtstagsessen":
Die Kinder hören noch einmal den Text und ergänzen auf dem AB 3/6 den gedeckten Mittagstisch zeichnerisch. Nach einer Weile muss der Text vermutlich nochmals vorgespielt werden.

Lösung: Flasche mit Mineralwasser, Spaghetti, Tomatensauce, Salat, Brief mit 8 bunten Herzen, darunter steht ANA, daneben violetter Radiergummi, Schokotorte mit 8 Kerzen

  Material: Kopien AB 3/6, CD, CD-Player, Text „Track 2" nur für die Lehrperson, obige Fragen

B) Arbeit an der Schatzkarte
AB 3/3 (Weiterführung)
Die Kinder schneiden das obere Haus aus. Die Lehrperson hat vorher die Fenster und die Türe mit dem Cutter so aufgeschnitten, dass sie sich jetzt durch Umbiegen öffnen lassen. Nun kleben die Kinder das obere auf das untere Haus. Zum Schluss wird das Ganze ausgeschnitten und auf die dafür vorgesehene Stelle der Schatzkarte geklebt.

  Material: AB 3/3 (in Lektion 3 begonnen), die Fenster und Türen zum Öffnen vorbereiten,
  1 Cutter für die Lehrperson.

Lernort 3: Zu Hause

6. Lektion – Familienfeste

A) Wortschatz „Familienfeste"
Gespräch, Lehrperson gibt Impulse: „Erinnert ihr euch an Anas Geburtstag? Wer von euch feiert gerne seinen Geburtstag? Gibt es andere Feste, die ihr gerne feiert? Später möchte ich von eurem Lieblingsfest noch mehr erfahren..."

„Feste werden nämlich in allen Familien etwas anders gefeiert. Ich erzähle euch einmal, wie wir zu Hause das Osterfest feiern:

Wir malen Ostereier bunt an.
Wir gehen alle zusammen in die Kirche.
Die Kinder suchen die versteckten Eier.
Wir essen leckere Schokohasen."

- Material: evtl. Text gemäß obigem Beispiel an die Tafel schreiben.

B) Schreiben
AB 3/7 „Das schönste Fest bei uns zu Hause":
1. Kl.: Die Kinder zeichnen, wie sie zu Hause ein schönes Fest feiern. Die Lehrerin hilft, den Namen des Festes in den Titel zu schreiben. Neben die gezeichneten Gegenstände und Personen können der Anlaut oder ganze Wörter geschrieben werden.
2. Kl.: Jedes Kind schreibt einige kurze Sätze über sein Lieblingsfest zu Hause auf die Linien. Der Name des Festes kommt in den Titel.

- Material: Kopien AB 3/7

C) Sprechen
Die Kinder stellen ihre Arbeiten vor.

Weiterführendes, geeignetes Material zum Thema:

- Anton-Werkstatt „Ich und meine Familie", SCHUBI Lernmedien, Bestell-Nr 114 30

Familie Keller

Irene Keller-Simmen
Mutter

Guido Keller
Vater

Simone Keller
Tochter

Pascal Keller
Sohn (Baby)

Marie Keller
Großmutter

Sven Simmen
Cousin

Paul Simmen
Onkel

Castro
Kater

Familie Keller

Irene Keller-Simmen
Mutter

Guido Keller
Vater

Simone Keller
Tochter

Pascal Keller
Sohn (Baby)

Marie Keller
Grossmutter

Sven Simmen
Cousin

Paul Simmen
Onkel

Castro
Kater

Alle tun etwas

Meine Familie

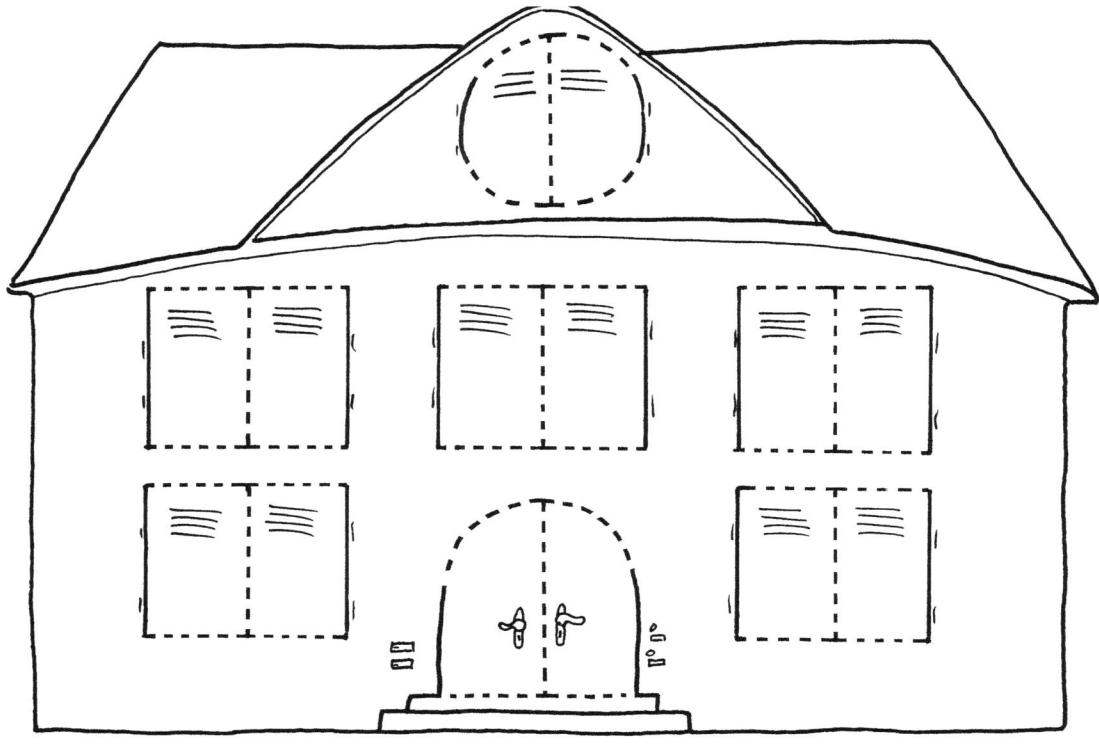

Die Kinder der Familie Miller (A)

Ich heiße   Ich heiße   Ich heiße

_____   _____   _____

Ich bin _____ Jahre alt.   Ich bin _____ Jahre alt.   Ich bin _____ Jahre alt.

1. Jim steht ganz links.
2. Der Junge ganz rechts hat einen roten Pullover.
3. Tom und Jim sind Zwillinge und stehen nebeneinander.
4. Samuel ist neun Jahre alt.
5. Der Junge neben Jim hat einen orangefarbigen Pullover und braune Hosen.
6. Ein Junge hat einen hellgrünen Pullover. Seine Hosen sind blau.
7. Tom ist zwei Jahre jünger als der Junge mit den grauen Hosen.

Lernort 3: Zu Hause — AB 3/4 (CH)

Die Kinder der Familie Miller (A)

Ich heisse	Ich heisse	Ich heisse
Ich bin ___ Jahre alt.	Ich bin ___ Jahre alt.	Ich bin ___ Jahre alt.

1. Jim steht ganz links.
2. Der Junge ganz rechts hat einen roten Pullover.
3. Tom und Jim sind Zwillinge und stehen nebeneinander.
4. Samuel ist neun Jahre alt.
5. Der Junge neben Jim hat einen orangefarbigen Pullover und braune Hosen.
6. Ein Junge hat einen hellgrünen Pullover. Seine Hosen sind blau.
7. Tom ist zwei Jahre jünger als der Junge mit den grauen Hosen.

Die Kinder der Familie Miller (B)

Ich heiße   Ich heiße   Ich heiße

_____   _____   _____

Ich bin _____ Jahre alt.   Ich bin _____ Jahre alt.   Ich bin _____ Jahre alt.

1. Tom und Jim sind Zwillinge und stehen nebeneinander.
2. Der Knabe neben Jim hat einen orangefarbigen Pullover und braune Hosen.
3. Ein Knabe hat einen hellgrünen Pullover. Seine Hosen sind blau.
4. Der Knabe ganz rechts hat einen roten Pullover.
5. Tom ist zwei Jahre jünger als der Knabe mit den grauen Hosen.
6. Samuel ist neun Jahre alt.
7. Jim steht ganz links.

Die Kinder der Familie Miller (B)

Ich heisse   Ich heisse   Ich heisse

_____   _____   _____

Ich bin ____ Jahre alt.   Ich bin ____ Jahre alt.   Ich bin ____ Jahre alt.

1. Tom und Jim sind Zwillinge und stehen nebeneinander.
2. Der Knabe neben Jim hat einen orangefarbigen Pullover und braune Hosen.
3. Ein Knabe hat einen hellgrünen Pullover. Seine Hosen sind blau.
4. Der Knabe ganz rechts hat einen roten Pullover.
5. Tom ist zwei Jahre jünger als der Knabe mit den grauen Hosen.
6. Samuel ist neun Jahre alt.
7. Jim steht ganz links.

Beim Mittagessen

Mutter: Ana, bitte hol noch ein Flasche Mineralwasser. Ich habe fertig gekocht, wir können essen.
Ana: Immer muss ich alles holen!
Mutter: Daniel ist heute nicht hier zum Mittagessen – also: Hol jetzt das Mineralwasser!
Ana: Okay, dann eben wieder ich...
Vater: Hallo Sanja, hallo Ana – viel Glück zum Geburtstag! Hmh, das duftet nach deinem Lieblingsessen.
Ana: Spaghetti mit Tomatensauce. Stimmt's, Sanja?
Mutter: Ja, heute gibt's natürlich Anas Lieblingsessen! Nehmt euch doch gleich selber, hier ist noch Salat.

— —

Mutter: Guten Appetit!
Ana: Guten Appetit!
Vater: Guten Appetit! Hmh...
Ana: Schmeckt gut!
Ana: Schaut mal: Ich hab' von Tamara einen Brief bekommen zum Geburtstag. Sie schreibt, dass ich sie einmal zu Hause besuchen darf und dann gehen wir mit ihrer Mama zusammen ins Hallenbad.
Mutter: Toll! Und den Brief hat Tamara schön verziert: Genau acht bunte Herzen hat sie gemalt – das passt zum achten Geburtstag. Und deinen Namen hat sie auch richtig unten hingeschrieben: nur mit einem „N".

— —

Vater: Habt ihr in der Schule deinen Geburtstag auch gefeiert?
Ana: Ja, so halt wie immer. Frau Sommer hat mir gratuliert, dann haben wir das Geburtstagslied gesungen, und für die nächste Sportstunde darf ich mir ein Spiel wünschen. Und hier, diesen violetten Radiergummi habe ich von Frau Sommer bekommen.
Mutter: Aber Ana, bitte! Der gehört doch nicht auf deinen Teller! Lege ihn hier neben deinen Brief von Tamara!

— —

Vater: So, fertig aufgeräumt. Jetzt ist Zeit für die Geburtstagstorte!
Ana: Wow! Genau wie ich sie mir gewünscht habe: mit 8 rosa Kerzen und alles aus Schokolade. Danke, Mama!
Mutter: Schon gut. Nun wünsche dir aber was Schönes, wenn du die Kerzen ausbläst – aber verrate niemandem, was. Nur ein Wunsch ist verboten: dass du nie mehr das Mineralwasser holen musst ...

Lernort 3: Zu Hause – AB 3/6

Anas Geburtstagsessen

Hier sitzen Mama, Papa und Ana beim Mittagessen.
Zeichne, was auf dem Tisch noch fehlt!

Lernort 4:
Herbstausflug zum Bauern – Didaktische Wegleitung

Wortschatz

Nomen:
der Abfall/der Müll, der Acker, der Apfel*, der Apfelbaum, der Bauer*, die Bäuerin*, der Bauernhof*, die Bauersleute (ohne Singular), der Baum*, die Beere, der Besen, die Birne*, der Dieb, das Dreieck*, das Ei*, der Faden*, die Feder*, der Feind, das Feld, das Fell, das Fleisch*, die Fliege, die Frucht*, das Fruchtfleisch, der Frühling*, das Gemüse, das Gras, der Hahn, der Herbst, der Hof, das Huhn*, die Hundehütte, das Insekt, das Jahr*, das Kalb, das Kaninchen*, die Karotte*, die Kastanie*, der Kern, das Kissen, der Korb, das Korn, der Kreis*, die Kugel, die Kuh*, das Küken, der Kürbis, die Laterne*, das Laub, das Lebensmittel, das Leder, die Leiter, das Loch, die Maus*, der Mensch*, die Milch*, die Mücke, das Netz, der Nebel*, die Nuss*, das Pferd*, die Pfote, der Regen*, das Reh*, der Salat*, der Sattel, das Schaf*, die Schale, die Scheune, der Schinken, die Schwanzspitze, das Schwein*, die Sitzbank, der Sommer*, die Spinne, der Stachel, der Stall*, das Steak, der (Gummi-)Stiefel*, die Stimme, der Traktor, die Traube*, der Vogel*, der Wagen*, die Weide, die Wiese*, der Wind*, der Winter*, die Wolle*, der Wurm, die Wurst*, die Wurzel*, die Ziege*

Verben:
bekommen, bellen, blöken, fressen, frieren*, gackern, grunzen, kaufen*, krähen, meckern, melken, miauen, muhen, nützen, reiten*, sich zusammenrollen, stricken, vergleichen, wiehern

Adjektive:
arm, blind, dünn, einfach, gleich, hungrig, reif*, schwer*, viel (mehr, am meisten), warm*, weich*, wenig

Partikel:
jetzt, nachts (Adverb)

Grammatik

- Adjektive: Steigerungsformen
- Wiederholung: Präpositionen

Vorschlag zur Unterrichtsgestaltung (12 Lektionen)

Falls es sich einrichten lässt: Ein Besuch auf einem nahen Bauernhof ist für die Kinder sehr motivierend: Äpfel auflesen, Hühner füttern, Katzen streicheln... Viele Migrantenkinder haben solche Erinnerungen aus ihrer Heimat und lieben es, von ihren Erfahrungen zu erzählen. Deshalb wird in den Beispielen auch eher von der „heilen Welt" des Kleinbauern mit vielen unterschiedlichen Erwerbszweigen ausgegangen, auch wenn diese Art von Betrieben heute nur noch selten anzutreffen ist.

Lernort 4: Herbstausflug zum Bauern

1. Lektion – Tiere auf dem Bauernhof

A) Wortschatz „Tiere auf dem Bauernhof"
CD, Track Nr. 3 „Tierstimmen": Zuerst ist ein Tierstimmengewirr ist zu hören:
"Was hört ihr? Wo kann man so viele Tierstimmen hören?
Welche Tiere habt ihr gehört? Damit ihr alle herausfindet, könnt ihr sie jetzt noch einzeln hören."
Nach jeder Tierstimme wird kurz angehalten und besprochen, um welches Tier es sich hier handelt.

Lösung: 1. Pferd, 2. Schaf, 3. Katze, 4. Huhn, 5. Hahn, 6. Hund, 7. Kuh, 8. Schwein, 9. Ziege

Material: CD, CD-Player

B) Wortschatz „Tiere auf dem Bauernhof", Steigerungsformen
Folie AB 4/1 „Tiere auf dem Bauernhof":
Anhand der Folie besprechen Lehrperson und Kinder die Namen der Bauernhoftiere. „Wer kann die Stimme vom einen oder anderen nachmachen?"

AB 4/1:
1. Kl.: Anlaut des Tiernamens hören, auf der Buchstabentabelle suchen und hinschreiben (evtl. geführt, je nach Stand der Gruppe)

oder

2. Kl.: Das ganze Wort mit dem Artikel hinschreiben: die Kuh, das Schaf...
Alle: Die Kinder zeichnen den Weg ein vom kleinsten bis zum größten Tier. Die Lehrperson kann das gleiche auf der Folie tun. Anschließend werden die Wege verglichen. Bei den gleich großen Tieren (Katze und Hahn, Schaf und Ziege) gibt es verschiedene richtige Wege.

Material: Kopien AB 4/1, eine Kopie auf Folie, Hellraumprojektor

2. Lektion – Tierstimmen

A) Steigerungsformen
Folie AB 4/1 „Tiere auf dem Bauernhof":
Gespräch: „Welches ist das größte Tier?" „Das Pferd ist das größte Tier." „Welches ist das kleinste Tier?" „Die Spinne ist am kleinsten." „Welche Tiere sind gleich groß?" „Das Schaf und die Ziege sind gleich groß." „Vergleiche die Kuh und das Huhn!" „Das Huhn ist kleiner als die Kuh. Die Kuh ist größer als das Huhn." etc.

Material: Folie AB 4/1 und Hellraumprojektor oder bearbeitete Arbeitsblätter AB 4/1

B) Wortschatz „Tierstimmen"
CD, Track Nr. 3 „Tierstimmen":
Nach jeder Tierstimme müssen die Kinder die Tätigkeit des Tieres beschreiben, z. B. Das ist der Hund. Der Hund bellt. Das ist das Schaf. Das Schaf blökt. (Die Ausdrücke finden sich auf AB 4/2.)

Lernort 4: Herbstausflug zum Bauern

oder

C) Wortschatz „Tierstimmen", lesen und schreiben
AB 4/2 „Tierstimmen auf dem Bauernhof":
Die Kinder schneiden die Tiere und die Sprechblasen aus und kleben sie auf farbigem Papier richtig zusammen. Wer noch nicht lesen kann, lässt sich den „Ton" vorlesen.
2. Kl.: Die Kinder ergänzen den passenden Tiernamen.

- Material: Kopien 4/2, farbiges A4-Papier, Scheren, Klebestifte

3. Lektion – Viel, mehr, am meisten Tiere

A) Wiederholung Wortschatz „Tierstimmen"
„Bauernhof spielen": Jedes Kind spielt einmal den Bauern/die Bäuerin. Die anderen Kinder bekommen (evtl. anhand von Kärtchen) die Tiere vom AB 4/2 zugeteilt. Die „Tiere" spazieren nacheinander auf der „Weide" herum und machen den richtigen Laut. Der „Bauer" sucht sich drei Tiere aus und sagt: „Du kannst bellen. Du bist ein Hund. Du kannst blöken. Du bist..." Mit dem dritten „Tier" tauscht das Kind, das den Bauern spielt, die Rolle.

- Material: evtl. Kärtchen mit den Tieren vom AB 4/2 drauf.

B) Wortschatz „Auf dem Bauernhof"
Folie AB 4/3 „Beim Bauern":
Gespräch: Was ist auf dem Bauernhof-Wimmelbild zu sehen?

Wortschatz: alle Tiere, der Stall, der Garten, der Hof, das Feld, die Weide, der Bauer, die Bäuerin, der Apfelbaum, die Sitzbank, der Traktor, der Besen, der Stiefel, der Korb
Die Artikel sollten wenn möglich auch genannt werden.

Die Kinder zählen die Tiere auf AB 4/3 und notieren die Ergebnisse auf einen Notizzettel.

C) Steigerungsform „viel – mehr – am meisten"
Die Kinder vergleichen die Ergebnisse: „Es gibt drei Kaninchen und zwei Pferde. Es gibt mehr Kaninchen als Pferde. Es gibt weniger Pferde als Kaninchen. Von den Hühnern gibt es am meisten." etc.

Lernort 4: Herbstausflug zum Bauern

4. Lektion – Tierprodukte (1)

A) Wortschatz „Tierprodukte"
Gespräch: Anhand eines Bauernhof-Bildes (z. B. AB 4/3) reden die Kinder und die Lehrperson darüber, warum auf dem Bauernhof Tiere leben. Schön ist natürlich, wenn die Lehrperson den Kindern einige Produkte zeigen kann.
„Wir bekommen etwas von den Tieren, sie nützen dem Menschen." Die Kinder werden diesbezüglich einiges an Vorwissen haben.

> Material: Bild(er) mit Nutztieren, z. B. Folie AB 4/3 und Hellraumprojektor, evtl. Eier, Hühnerfedern, Wolle, Milch, Fleisch, Fell, Leder

B) Textverständnis
AB 4/4 „Was uns die Tiere auf dem Bauernhof geben – 1:
Die Kinder lesen den Text zu jedem Tier leise für sich oder laut vor. Es wird unbekannte Wörter und Zusammenhänge geben, die die Lehrperson klären muss. Kinder, die noch nicht lesen können, lassen sich den Text von der Lehrperson oder von einem Zweitklässler vorlesen.

> Material: Kopien AB 4/4, auf die Rückseite evtl. gleich AB 4/5 kopieren

oder

C) Hörverständnis/Leseverständnis
AB 4/5 „Was uns die Tiere auf dem Bauernhof geben – 2:
1. Kl.: Die Kinder lassen sich den Text vorlesen und finden den Fehler.
2. Kl.: Die Kinder lesen den Text, finden die Fehler im Text und kennzeichnen ihn. Vielleicht schreiben sie das Richtige noch dazu?

> Material: Kopien AB 4/5

5. Lektion – Tierprodukte (2)

A) Hörverständnis
CD, Track Nr. 4 "Wer bin ich":

Tierrätsel: Die Kinder hören die einzelnen Rätsel einmal durch. Anschließend hören sie die Tierrätsel einzeln, wobei sie zunächst den ersten Teil des Rätsels hören und das gemeinte Tier auf einen kleinen Zettel skizzieren. Schnelle Kinder schreiben auch dessen Namen oder den Anlaut des Namens dazu.

Lösung: 1: Hahn, 2: Pferd, 3: Hund, 4: Spinne, 5: Kaninchen, 6: Katzen.
Im zweiten Teil gibt es jeweils Zusatzinformationen, die nach dem Hören noch eingezeichnet werden können.

Alle Katzen-Zettel, Spinnen-Zettel etc. werden je auf ein Plakat geklebt. Ob sich die Zeichnungen sehr unterscheiden?

> Material: CD, CD-Player, Text „Track 4" nur für die Lehrperson, pro Kind 6 Notizzettel (am besten „Post-its")

Lernort 4: Herbstausflug zum Bauern

B) Arbeit an der Schatzkarte
AB 4/6 „Zeichne eine Katze!":
Die Lehrperson zeigt den Kindern Schritt für Schritt, wie man eine Katze zeichnen kann. „Zeichne für den Kopf einen Kreis. Für die Nase zeichnest du ein kleines Dreieck." etc. (Die Anleitung findet sich auf AB 4/6). Die Kinder zeichnen einige Katzen nach diesem Muster und schneiden dann ihre „schönste" für die Schatzkarte aus.

- Material: evtl. Kopien AB 4/6, Papier, Bleistifte, Farbstifte, Scheren

6. Lektion – Bauernhofgeschichte

A) Wiederholung Wortschatz „Bauernhof", 2. Kl. Schreibanlass
AB 4/7 „Der arme Bauer":
Die Lehrperson liest die kurze Geschichte auf AB 4/7 vor oder erzählt sie. Wenn alle Kinder diesen Anfang gut verstanden haben, besprechen Lehrperson und Kinder Möglichkeiten, dem armen Bauern zu helfen. „Wie könnten die Tiere dem Bauern helfen?" Ideen werden gesammelt und an der Wandtafel notiert oder skizziert.

- Material: AB 4/7 nur für die Lehrperson, Tafel

1. Kl.: Die Kinder zeichnen, welche Lösungen sich die Tiere für den Bauern ausdenken
2. Kl.: Die Kinder schreiben die Lösungen der Tiere in die Sprechblase, z.B.: „Ich hole die Bäuerin..."

- Material: Kopien AB 4/7

B) Sprechen
Die Kinder zeigen und/oder erzählen, was sich ihre Tiere für Lösungen ausgedacht haben. Vielleicht einigen sich die Kinder auf eine gute Lösung und erzählen reihum die Geschichte mit diesem Schluss?

7. Lektion – Pflanzliche Bauernhofprodukte

Vorbemerkung: Falls es nicht möglich ist, einen Bauernhof zu besuchen, wäre jetzt ein Besuch auf dem Gemüsemarkt eine Alternative.

A) Wortschatz „Lebensmittel"
Einführung der Lehrperson: „Ein Bauer hat ja nicht nur Tiere. Von ihm kommen auch sonst viele Sachen, die auf seinem Äckern und an seinen Bäumen wachsen und die wir kaufen können - zum Beispiel leckere Früchte oder Gemüse. Ich habe hier im Korb solche Lebensmittel. Ihr dürft unter dem Tuch eines in die Hand nehmen. Eure Hände sollen ohne die Augen herausfinden, was es ist."

Die Kinder ertasten und versuchen das Ertastete zu benennen. Anschließend sortieren sie sie nach Gruppen (z. B. Gemüse, Beeren, Früchte, Salat, Nüsse) und beschriften diese Gruppen, indem sie entweder nur den Anlaut oder den ganzen Namen auf kleine Kärtchen schreiben. Dann besprechen Lehrperson und Kinder die genauen Namen der Dinge: die Walnuss, die Gurke...

Lernort 4: Herbstausflug zum Bauern

Material: Mit einem Tuch zugedeckter Korb z. B. mit Früchten (Apfel, Birne, Traube...), Beeren (Holunder, Brombeere...), Nüssen (Haselnuss, Walnuss...), Salat (Kopfsalat, Gurke...), Gemüse (Blumenkohl, Kürbis, Kohlrabi...), Kärtchen und Stifte

B) Wortschatz „Apfel"
Die Lehrperson zerschneidet einen Apfel längs, das Innere wird sichtbar: der Kern, das Kerngehäuse, das Fruchtfleisch und die Schale.

Mit Hilfe der Lehrperson stempeln die Kinder mit Plakatfarbe je einen halben Apfel auf ein Papier.

Material: Plakatfarbe, Zeitungen als Unterlage, Pinsel, weißes Papier, 2 Äpfel, Messer

C) Zwischenverpflegung
Wer nicht gerade stempelt, darf von den Lebensmitteln probieren.

8. Lektion – Herbst (1)

A) Wiederholung Wortschatz „Apfel"
Die Apfelbilder können von den Kindern so mit Filzstiften verbessert werden, dass die Bestandteile gut sichtbar sind: Schale, Kerne... Die Kinder nennen nochmals alle Teile.

Die Erstklässler schreiben den Anlaut, die Zweitklässler schreiben die Namen der Teile mit dem bestimmten Artikel dazu.

B) Sprechanlass, Wortschatz „Herbst"
Folie AB 4/8 „Herbst":
„Manche Äpfel reifen im Sommer, die meisten Äpfel sind aber erst im Herbst reif. Hier seht ihr sie am Baum hängen. Aber nicht nur die Äpfel zeigen, dass es jetzt Herbst ist. Woran siehst du, dass es Herbst ist?"

Lösung:
Viele Vögel sitzen auf einer Elektroleitung. Einige fliegen schon in den Süden.
Laub fällt von den Bäumen.
Es windet sichtbar stark.
Kinder lassen Drachen steigen.
Leute sind warm angezogen.
Es gibt einen Kastanienbaum mit Kastanien und einen Vogelbeerenbaum mit Beeren.
Vor einem Haus (aus dem Schornstein steigt Rauch) liegt ein Halloween-Kürbis.
Ein Eichhörnchen vergräbt Nüsse.
Ein Igel sucht sich ein Versteck (Blätter- und Ästehaufen).
Ein paar Kinder treffen sich mit Laternen.
Traubenlese am Rebhang.

Material: Folie AB 4/8 und Hellraumprojektor

Lernort 4: Herbstausflug zum Bauern

oder

C) Wiederholung Wortschatz „Herbst", schriftlich:

AB 4/9 „Herbstwörter":

Im Buchstabenquadrat sind – von links nach rechts und von oben nach unten – 14 Herbstwörter versteckt. Diese können mit Farbstiften eingerahmt werden. Da die Wörter unten in Grossbuchstaben geschrieben sind, sind auch die Erstklässler in der Lage einige davon zu finden.

Hausaufgabe: Die Kinder sollen einige kleinere Herbstblätter mitbringen, am besten solche mit starken Blatt-Strukturen („Adern").

Material: Kopien AB 4/9

9. Lektion – Herbst (2)

A) Anlauttabellen-Training

Memo-Spiel zum Lektionseinstieg: Für die Erstklässler muss anfänglich zur Hilfe die Anlauttabelle sichtbar sein.

Zuerst ordnen die Kinder die Bilder den richtigen Anlaut/Buchstaben zu. Für das Memo-Spiel werden die Kärtchen umgedreht. Reihum darf jedes Kind ein Bild- und ein Buchstaben-Kärtchen umdrehen. Passen sie zusammen, darf das Paar behalten werden. Wer findet die meisten Paare?

Material: Memo-Kärtchen (S. 21/22); am besten farbig auf Karton ausgedruckt, Bildkärtchen und Buchstabenkärtchen auf Rückseite andersfarbig kennzeichnen), Anlauttabelle (wenn vorhanden groß)

B) Wiederholung Steigerung und Präpositionen

Alle Kinder schauen in die gleiche Richtung, damit die Präpositionen für alle das Gleiche bedeuten. Vor ihnen steht ein Korb und vier Äpfel in drei verschiedenen Größen. Die Lehrperson platziert die Äpfel, die Kinder kommentieren:

„Der größte Apfel liegt im Korb. Rechts vom Korb liegen zwei Äpfel. Sie sind gleich groß."

Evtl. als kleines Spiel: Die Kinder schließen die Augen, die Lehrperson verändert etwas. Jetzt liegt der kleinste Apfel vor dem Korb!

Material: Korb, vier Äpfel in drei Größen

C) Arbeit an der Schatzkarte

AB 4/10 „Male ein Herbstblatt!":

Die Kinder zeichnen für die Schatzkarte ein buntes Herbstblatt mit Frottage-Technik. Hierbei ist es gut, wenn die Kinder zu zweit arbeiten. Sie gehen dabei nach der gezeichneten Anleitung vor. Das Ausmalen mit Wasserfarbe ist fakultativ.

Material: von den Kindern gesammelte, kleinere Laubblätter mit starken Blatt-Strukturen, Kopien AB 4/10 – Anleitung, weißes Papier 80 g (Kopierpapier), Zeitungen als Unterlage, Ölkreiden (z. B. Neocolor wasserunlöslich) und Wasserfarben, Pinsel und Becher

10. Lektion – Der Igel

A) Wortschatz „Igel"
Gespräch: Anhand eines Igelfotos oder eines ausgestopften Igels sammelt die Lehrperson das Vorwissen der Kinder. „Der Igel hat Stacheln. Der Igel schläft im Winter." etc.

- Material: Igelfoto oder Igelpräparat

B) Sachtext verstehen
AB 4/11 „Der Igel":
1. Kl.: Die Kinder lassen sich den Text von der Lehrperson vorlesen. Anschließend liest die Lehrperson die Fragen, evtl. auch nochmals den entsprechenden Textabschnitt vor. Die Kinder zeichnen die Lösungen in den leeren Kasten.

2. Kl.: Gute Leser arbeiten den Text für sich durch und lassen sich unbekannte Wörter erklären. Sie kreuzen die richtigen Lösungen zu den Fragen an. In den leeren Kasten können Illustrationen gezeichnet werden.

In gemischten Gruppen sollte immer ein Zweitklässler (als Vorleser) und ein Erstklässler zusammenarbeiten. Die Lösungen werden dann gemeinsam besprochen.

Lösung: 1/B, 2/A, 3/C, 4/A, 5/C

- Material: Kopien AB 4/11

11. Lektion – Herbst (3)

A) Anlauttraining, Schreiben
Für den Anfang dieser Stunde werden die Kinder in zwei Gruppen aufgeteilt. Während die einen schreiben, spielen die anderen das Anlaut-Memo (9. Lektion) selbstständig.

AB 4/12 „Im Herbst" – Schreibanlass:
1. Kl.: Die Kinder schreiben Wörter zum Thema Herbst (Nebel, Igel, Apfel, Drachen...) auf das Blatt. Sie benutzen die Anlauttabelle, die Lehrperson unterstützt sie.
2. Kl.: Die Kinder schreiben Sätze zum Thema Herbst: „Im Herbst ist es kalt. Im Herbst gibt es Nebel..."

- Material: Kopien AB 4/12

B) Arbeit an der Schatzkarte
Die Kinder schneiden das gemalte Herbstblatt und die gezeichnete Katze aus.

- Material: Scheren, alle begonnenen Bastelarbeiten

Lernort 4: Herbstausflug zum Bauern

12. Lektion – Herbst auf dem Bauernhof

A) Wiederholung Wortschatz „Bauernhof" und „Herbst"
AB 4/13 und AB 4/14 „Herbst auf dem Bauernhof" als Folie zum Themenabschluss:
Gespräch: „Was passt nicht zum Thema ‚Herbst'?" Was passt nicht zum Thema ‚Bauernhof'? Sucht die Fehler auf dem Bild!"

AB 4/13 – Fehler Bauernhof:
Karotten hängen am Baum.
Im Bauerngarten wachsen auf einem Beet Birnen.
Auf einer Weide steht ein Kamel.
Die Kuh trägt einen Sattel.
Der Traktor hat einen Anhänger, der mit Computern beladen ist.

AB 4/14 – Fehler Herbst:
Im Hof wachsen Tulpen.
Neben den Kaninchen steht ein Schneemann.
Eine Tanne ist als Christbaum geschmückt.
Vor der Haustür liegt ein Osternest.
Ein Kind rennt in der Badehose herum.

Die Kinder markieren die Fehler im Bild.

- Material: Folien AB 4/13 und AB 4/14, Hellraumprojektor, Kopien AB 4/13 und AB 4/14

B) Arbeit an der Schatzkarte, Schlussgespräch
Das Herbstblatt und das Kätzchen werden an die entsprechenden Stellen auf die Schatzkarte geklebt.

Die Kinder betrachten gemeinsam ihre Schatzkarten. „Wo befinden wir uns auf unserer Reise? Wie viele Lernorte haben wir schon besucht? Wie viele erwarten uns noch auf unserem Weg?"

- Material: alle angefangenen Bastelarbeiten, Scheren, Klebestifte

---

Weiterführendes, geeignetes Material zum Thema:

- Zora-Werkstatt „Auf dem Bauernhof", SCHUBI Lernmedien, Bestell-Nr 114 21
- Zora-Werkstatt „Im Herbst – Der Igel", SCHUBI Lernmedien, Bestell-Nr. 114 22
- Anton-Werkstatt „Der Apfel", SCHUBI Lernmedien, Bestell-Nr. 114 31

Lernort 4: Herbstausflug zum Bauern — AB 4/1

Tiere auf dem Bauernhof

Lernort 4: Herbstausflug zum Bauern – AB 4/2

Tierstimmen auf dem Bauernhof

Die _____ muht.   Das _____ blökt.   Die _____ meckert.

Das _____ wiehert.   Der _____ bellt.   Die _____ miaut.

 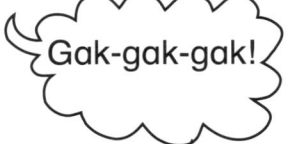 

Der _____ kräht.   Das _____ gackert.   Das _____ grunzt.

Beim Bauern

Lernort 4: Herbstausflug zum Bauern – AB 4/4

Was uns Tiere auf dem Bauernhof geben – 1

Das Huhn
Fast jeden Tag legt das Huhn ein Ei. Diese Eier können die Bauersleute selber essen oder verkaufen. Das Huhn gibt uns auch Federn für Kissen.

Die Katze
Die Katze fängt die Mäuse auf dem Bauernhof. Die Mäuse fressen Lebensmittel und leben im Winter gerne im warmen Wohnhaus.

Das Schaf
Schafwolle ist weich, man kann daraus Pullover stricken. Mit diesem Pullover musst du im Winter bestimmt nicht frieren.

Der Hund
Der Hund bewacht den Bauernhof. Wenn jemand kommt, bellt er laut, damit es alle wissen.

Die Kuh
Von der Kuh bekommen wir die Milch. Die Kuh wird am Morgen und am Abend gemolken. Von ihr haben wir auch Fleisch, Fell und Leder.

Die Spinne
Sie frisst Fliegen und Mücken. Ohne sie hätte es viel mehr störende Insekten auf dem Bauernhof.

Das Schwein
Viele Leute essen Schweinefleisch. Sie mögen Schinken, Würste und Steaks.

Was uns Tiere auf dem Bauernhof geben – 2

Das Huhn
Fast jeden Tag legt das Huhn zwei Eier. Die können die Bauersleute selbst essen oder verkaufen. Das Huhn gibt uns auch Federn für Kissen.

Die Katze
Die Katze fängt die Mäuse auf dem Bauernhof. Die Mäuse fressen Lebensmittel und leben im Sommer gerne im warmen Wohnhaus.

Das Schaf
Schafwolle ist rot, man kann daraus Pullover machen. Mit diesem Pullover musst du im Winter bestimmt nicht frieren!

Der Hund
Der Hund bewacht den Bauernhof. Wenn eine Spinne kommt, bellt er laut, damit es alle wissen.

Die Kuh
Vom Kalb bekommen wir die Milch. Die Kuh wird am Morgen und am Abend gemolken. Von ihr haben wir auch Fleisch, Fell und Leder.

Die Spinne
Sie spielt mit Fliegen und Mücken. Ohne sie hätte es viel mehr störende Insekten auf dem Bauernhof.

Das Schwein
Viele Leute essen Schweinefleisch. Sie mögen Schinken, Würste und Spaghetti.

Lernort 4: Herbstausflug zum Bauern – Track Nr. 4

Wer bin ich?

1. Tier:
Ich habe 2 Beine. Meine Federn haben viele Farben. Ich stehe am Morgen sehr früh auf. Keiner kräht lauter als ich. Meine Frau kann Eier legen, ich nicht.

— —

Vor mir sehe ich einen Wurm, Gras, Körner und Abfälle aus der Küche – all dies fresse ich gerne.

2. Tier:
Früher musste ich schwere Wagen ziehen und dem Bauern helfen bei der Arbeit auf dem Feld. Aber heute ist mein Leben einfacher: Jeden Tag kommt eine Frau und reitet auf mir durch die Wälder und Felder – das gefällt mir!

— —

Heute darf ich auf der Wiese auf sie warten. Hinter mir steht ein Apfelbaum. Mein Fell ist braun, nur am Kopf bin ich etwas weiß.

3. Tier:
Ich muss dafür sorgen, dass keine Diebe auf den Bauernhof kommen. Wenn jemand kommt, belle ich laut, damit der Bauer es hört.

— —

Ich liege in meiner Hütte, nur der Kopf schaut heraus. Ich bin grau, die Hundehütte ist grün angemalt. Hinter der Hundehütte blühen gelbe Blumen. Die sind höher als das Hundehaus.

4. Tier:
Ich bin ganz klein – kleiner als eine Maus – und habe acht Beine. Ich kann Fäden machen. Aus den Fäden mache ich ein Netz.

— —

Ich sitze in der Mitte des Netzes. Das Netz hat leider unten rechts ein Loch bekommen. Ich habe bereits zwei Fliegen gefangen.

5. Tier:
Ich habe lange Ohren und fresse gerne Gras und Karotten. Meistens lebe ich in einem kleinen Stall.

— —

Aber heute scheint die Sonne und ich darf draußen auf der Wiese sein. Es blühen rote, blaue und violette Blumen. Ein Mädchen hat mir zwei Karotten gebracht. Die Karotten sind gleich groß.

6. Tier:
Ich habe vier Beine und trinke gerne Milch. Manchmal warte ich viele Stunden vor einem Loch, bis ich eine Maus fangen kann.

— —

Ich habe ein schwarzes Fell, meine Pfoten und die Schwanzspitze sind weiß. Ich stehe vor der Türe des Bauernhauses, meine zwei Kinder sind auch bei mir. Eines ist etwas dunkler als das andere.

Zeichne eine Katze!

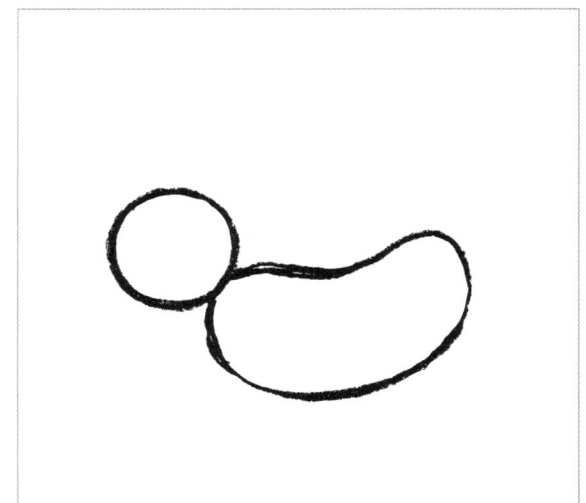
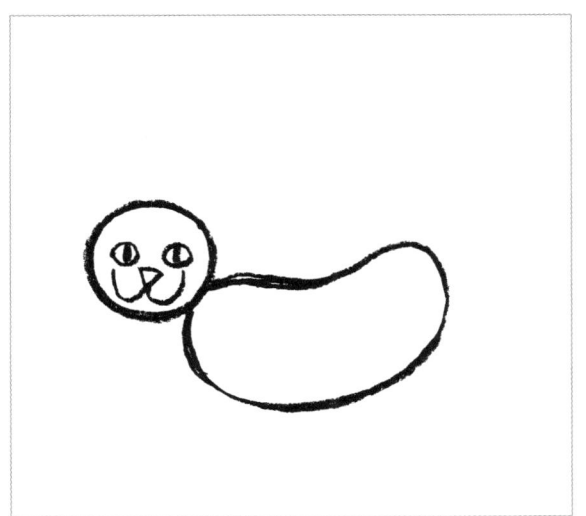

Der arme Bauer

Ein Bauer stieg mit einer Leiter auf seinen Apfelbaum, weil er Äpfel pflücken wollte. Die Bäuerin wollte Birnen pflücken, und holte darum die Leiter auf die andere Seite des Bauernhofes. Erst als der Bauer wieder vom Baum heruntersteigen wollte, merkte er, was passiert war. Allein kam er nicht mehr herunter. Aber zum Glück waren auf der Wiese beim Apfelbaum eine Kuh, eine Katze und ein Hahn. Was war zu tun? Jedes Tier hatte bald eine Idee, wie man dem armen Bauern helfen könnte...

Lernort 4: Herbstausflug zum Bauern – AB 4/8

Herbst-Wörter

```
K N U S S D N E B E L I A
Ü W I N B R I G E L A W P
R O L T R A U B E T T I F
B L A U B C H E R Ä E N E
I G U S E H O R E H R D L
S J A C K E R E G E N E R
K A S T A N I E M R E L E
```

Suche diese Wörter:

APFEL, BEERE, DRACHEN, IGEL, JACKE, KASTANIE, KÜRBIS, LATERNE, LAUB, NEBEL, NUSS, REGEN, TRAUBE, WIND

Wer findet außerdem ein Waldtier? _____

Male ein Herbstblatt!

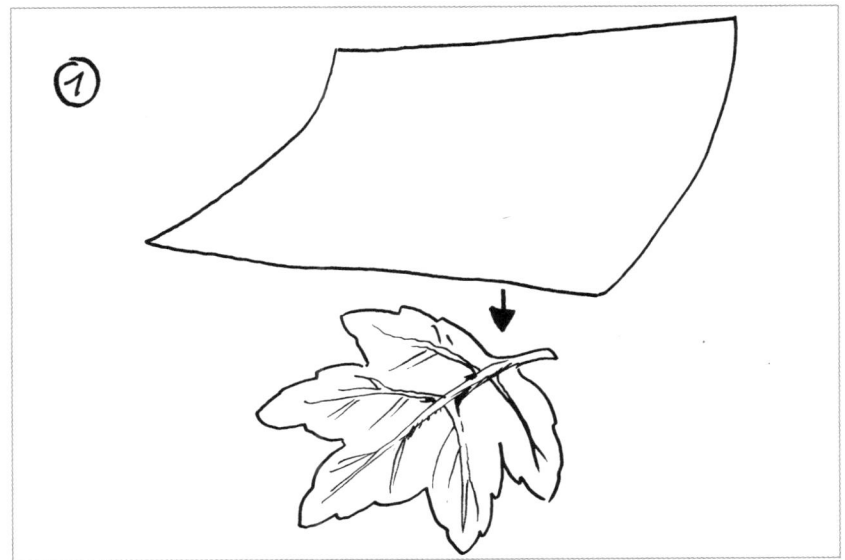

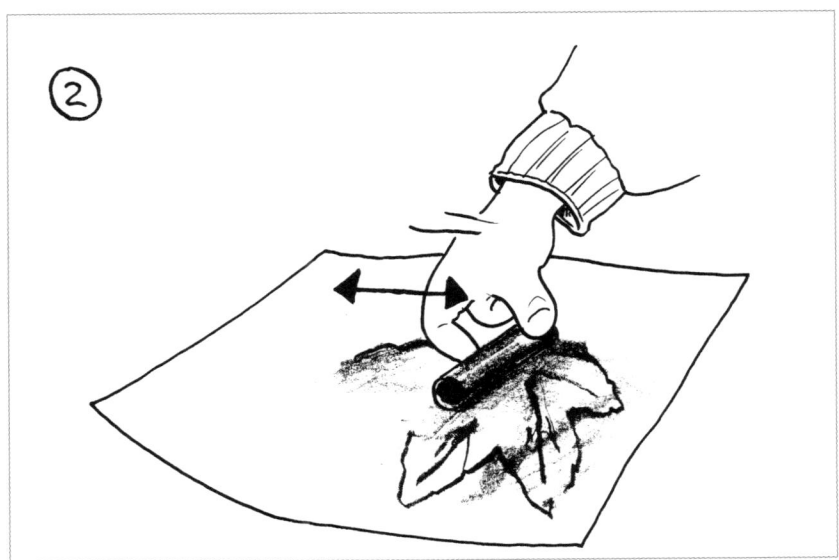

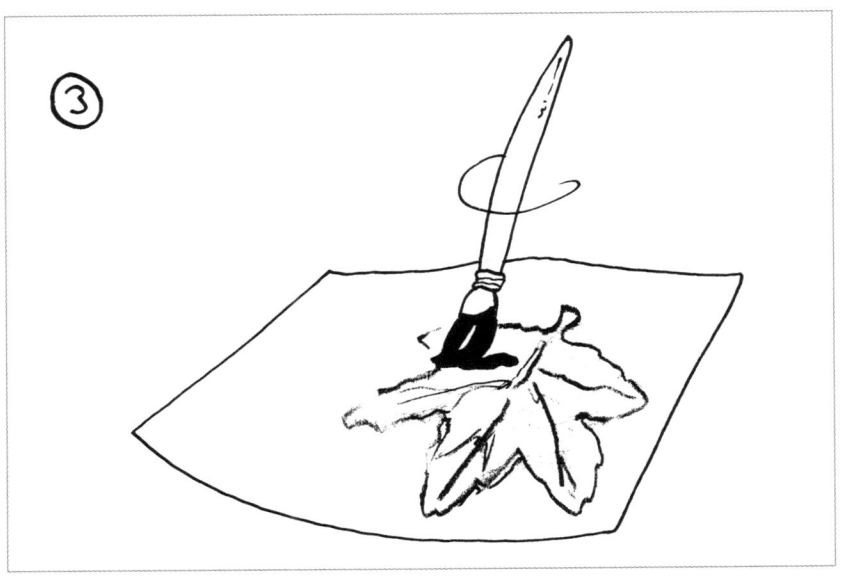

Der Igel

Igel leben in Wäldern und in Gärten. Sie schlafen am Tag und sind nachts fast immer alleine unterwegs. Dann suchen sie ihr Fressen. Sie mögen Insekten, Würmer und andere kleine Tiere. Sie fressen auch Wurzeln und Früchte.

Igel bringen ein bis zwei Mal im Jahr etwa sechs Kinder zur Welt. Sie sind noch blind und haben weiche Stacheln. Igel sind Säugetiere, sie trinken Milch bei ihrer Mutter. Im Winter macht der Igel einen Winterschlaf. Er versteckt sich im Herbst unter Laub und schläft bis zum nächsten Frühling. Dann wacht er hungrig auf, er ist dünn geworden.

Igel können etwa sieben Jahre alt werden. Viele sterben aber früher. Ein großer Feind des Igels ist der Mensch. Manche Tiere werden von Autos überfahren. Bei Gefahr rollen sich die Igel zusammen. Als stachelige Kugel sind sie vor vielen Feinden geschützt.

1. Wo leben Igel?
    A) in Wäldern und Wiesen
    B) in Gärten und Wäldern
    C) in Häusern und Ställen

2. Was fressen Igel?
    A) Würmer
    B) Kaninchen
    C) Enten

3. Die Igelkinder sind am Anfang
    A) neugierig
    B) schwarz
    C) blind

4. Im Herbst versteckt sich der Igel
    A) unter Laub
    B) in einer leeren Fuchshöhle
    C) in einem Haus

5. Wie alt kann ein Igel werden?
    A) etwa zwanzig Jahre
    B) etwa zehn Jahre
    C) etwa sieben Jahre

Im Herbst

Herbst auf dem Bauernhof – Fehler „Bauernhof"

Lernort 4: Herbstausflug zum Bauern — AB 4/14

Herbst auf dem Bauernhof – Fehler „Herbst"

Lernort 5:
Hell und Dunkel – Didaktische Wegleitung

Wortschatz

Nomen:
der Abend, der Advent, der Adventskranz, die Angst, das Bett*, der Christbaum, die Dattel, der Engel, der Erste, die Erde*, die Fahrradlampe/die Velolampe (CH), die Farbe*, das Feuer, die Freude, der Freund*, der Friede, das Frühstück, die (Futter-)Krippe, das Geschenk*, die Geschichte, die Glocke, der Gott, das Handy, der Heimweg, der Himmel*, der Hirte, der Hunger*, der Kaiser, die Kerze*, die Kleider (nur Plural)*, der König, die Lampe*, das Land, der Lebkuchen*, das Licht, das Marzipan/der Marzipan (A), das Messer*, der Mittag, der Morgen, die Nacht*, der Nachmittag, der Ochse, das Paket, der Platz, das Plätzchen/der o. das Keks (A), das Guetsli (CH), die Rolle, der Rückstrahler, der Nikolaus/der Samichlaus (CH)*, die Spaghetti (nur Plural), der Stern*, die Straßenlaterne, das Stück, der Tag, die Tanne, die Taschenlampe, die Uhr, der Weg*, das Weihnachtsfest, die Welt, die Wohnzimmerlampe/die Stubenlampe (A/CH), der Wunsch, der Wunschzettel

Verben:
ankommen, aufpassen, aufstehen*, befehlen, bekommen, bringen, bleiben, drücken, einladen, entdecken, erleben, erzählen, finden, fragen, frühstücken, füllen, geboren sein, hüten, laufen, leuchten, löschen, ordnen, lieb haben, rechnen, rollen, sagen, schenken*, schließen, schneiden*, sehen*, sich anziehen, sich beeilen, sich duschen, sich freuen, wärmen

Adjektive:
bewölkt, blond, dunkel, fertig, friedlich, fröhlich*, früh, glücklich*, hell*, leise, nah, neu, ruhig, schnell*, sonnig, spät, traurig, weit, wunderbar

Pronomen:
andere, andermal, beide

Partikel:
dann, draußen, drinnen, längs, nach Hause/heim, später, zuerst*, zusammen (Adverbien)

Redewendungen:
Gute Nacht! Guten Morgen!*

Grammatik

Wiederholung:
- Verb: Befehlsformen
- Nomen: Singular – Plural
- Adjektive: Steigerungsformen
- Präpositionen

Vorschlag zur Unterrichtsgestaltung (12 Lektionen)

Vorbemerkung: Kinder mögen Advents-Rituale. So ist es z. B. denkbar, alle „Advent-Lektionen" mit einer kurzen Runde im Kerzenschein zu beginnen (vgl. 1. Lektion). Vielleicht gibt es dazu jedes Mal auch eine kurze, feierliche Musik (z.B. „Weihnachtslieder aus aller Welt")? Oder es gibt als Belohnung für gutes Arbeiten ab und zu ein Weihnachtsgebäck, um die Namen der häufigsten Weihnachtsplätzchen gleich mitzulernen?

Lernort 5: Hell und Dunkel

1. Lektion – Adventsstimmung

A) Wortschatz „Advent"
Das Zimmer ist dunkel, nur eine Kerze erhellt den Raum. Die Lehrperson zaubert mit einer Tanne aus Karton einen großen Schatten-Tannenbaum an die Wand.
„Kerze und Tanne – das gehört zu einem Fest, das bald kommt..."
Daraus ergibt sich ein Gespräch über den Advent und alles was dazugehört.

> Material: Kerze auf Teller, Zündhölzer, Kartonfigur „Tanne", z. B. von AB 5/1

B) Wortschatz „Advent"
AB 5/1 „Advent-Symbole":
Jedes Kind schneidet eine Figur zum Thema aus. Schön ist es, wenn sie es „versteckt" tun können, um die anderen Kinder mit ihrem Symbol später zu überraschen.

Im Kreis: Jedes Kind zeigt seine Figur als Schattenspiel den anderen. Dabei reden Lehrperson und Kinder über diese Symbole („Warum gehört ... zur Adventszeit?") und anschließend über Weihnachten an sich („Wer feiert zu Hause Weihnachten?"). Wenn Weihnachten keine Rolle spielt: „Welches große Fest feiert ihr? Wie feiert ihr das? Bekommt ihr auch Geschenke?"

> Material: AB 5/1 auf Halbkarton kopiert und in Stücke geschnitten, Scheren
> Achtung: Die ausgeschnittenen Symbole aufbewahren – sie werden in der 11. Lektion wieder benötigt (Schatzkarten-Bild).

2. Lektion – Buchstabentraining

A) Anlauttabellen-Training
Domino-Spiel im Kreis: Für die Erstklässler muss anfänglich zur Hilfe die Anlauttabelle sichtbar sein. Zuerst legen die Kinder eine lange Schlange, dem Bild wird immer der entsprechende Anlaut-Buchstabe zugeordnet. Die Lehrperson erklärt dann das Domino-Spiel: Die Startkarte kommt in die Mitte, alle Mitspieler bekommen 4 Dominokarten. Es geht reihum. Hat man die richtige Karte, darf man sie anlegen. Wenn nicht, zieht man verdeckt eine neue. Wer hat zuerst keine Karte mehr?

> Material: ausgeschnittene Dominokärtchen (S. 91/92, am besten farbig von CD auf dickem Papier ausgedruckt), Anlauttabelle, wenn möglich groß

B) Wortschatz „Advent", Anlaut-Training
Arbeit an 3 Stationen (mindestens je 2 Kinder):

Station 1: AB 5/2 „Advent" – Die Kinder schreiben möglichst viele Advent-Wörter mit dem bestimmten Artikel auf, Erstklässler mindestens die Anlaute. Die Lehrperson hilft beim Finden der Wörter.
Station 2: Die Kinder spielen das Anlaut-Memo
Station 3: Die Kinder spielen das Anlaut-Domino

> Material: Kopien AB 5/2, Anlauttabelle, Anlaut-Memo (S. 21/22), Anlaut-Domino (S. 91/92)

Da die Kinder die Anlaut-Spiele Domino und Memo nun gut kennen, können diese stets als Zwischenarbeit eingesetzt werden.

Lernort 5: Hell und Dunkel

3. Lektion – Die Weihnachtsgeschichte

Vorbemerkung: Um Ursprung und Hintergrund des Weihnachtsfestes zu verstehen, wird hier die Geburtsgeschichte Jesu aus der Bibel erzählt. Die Lehrperson sollte selbstverständlich kein Kind zwingen, etwa im Krippenspiel eine Rolle zu übernehmen, wenn es dies aus Gründen seiner Religionszugehörigkeit nicht tun möchte.

A) Wiederholung Befehlsform, Wortschatz „Weihnachten", Hörverstehen
Weihnachtsgeschichte und AB 5/3 „Die Weihnachtsgeschichte":
Die Lehrperson erzählt die Weihnachtsgeschichte. Auf der Seite 94 findet sich eine Variante mit besonders einfachem Wortschatz und eingebauten Befehlsformen. Zur Veranschaulichung kann das AB 5/3 auf eine Folie kopiert und am Hellraumprojektor gezeigt werden.
Natürlich kann die Geschichte auch mit Hilfe eines Bilderbuches aus dem Buchhandel erzählt werden.

> Material: Text „Weihnachtsgeschichte" zum Erzählen (S. 94), HP-Folie AB 5/3, Hellraumprojektor

B) Rollenspiel der Weihnachtsgeschichte
Die Kinder spielen die gehörte Geschichte spontan nach, die Bilder auf dem Hellraumprojektor (AB 5/3) dienen als Gedankenstütze.
Mögliche Rollen (im Text unterstrichen): Kaiser Augustus, Josef, Maria, Mann (Wirt), Hirten, Engel, drei Könige

> Material: Folie AB 5/3, Hellraumprojektor, Gegenstände aus dem Zimmer als „Requisiten"

4. Lektion – Gefüllte Datteln

oder

A) Leseverstehen, Wiederholung Befehlsformen
AB 5/4 „Gefüllte Datteln":
1. Kl.: Die Lehrperson liest und bespricht das AB 5/4 mit den Kindern. Anschließend stellen sie möglichst selbstständig gefüllte Datteln her.
2. Kl.: Die Kinder lesen das AB 5/4 selbst durch und lassen sich unbekannte Wörter von anderen Kindern oder von der Lehrperson erklären. Anschließend stellen sie möglichst selbstständig gefüllte Datteln her.

> Material: Kopien AB 5/4, Datteln (ca. 6 pro Kind), Marzipanstangen, Nüsse (z. B. Walnüsse, Mandeln oder Pecannüsse – ca. 6 pro Kind), Messer, Kartonteller oder durchsichtige Säckchen und Geschenkband

5. Lektion – Eine andere Weihnachtsgeschichte

A) Hörverstehen
CD, Track 5 „Zwei Hirten":
Die Kinder hören zuerst den ganzen Dialog. Beim zweiten Mal Hören wird beim Pausenzeichen (--) gestoppt und die Lehrperson stellt Fragen: „Was hat der junge Hirte im Stall gesehen, als er dort ankam? Wie viele Männer, Frauen, Kinder, Tiere?" Und: „Was hat der junge Hirte im Stall gesehen, als er wieder ging?" etc.

- Material: CD, CD-Player, Text „Track 5" nur für die Lehrperson

B) Wiederholung Plural
CD, Track Nr. 5, AB 5/5 „Im Stall":
Den ersten Teil bis zum Pausenzeichen (--) abspielen und die linke Blatthälfte ausfüllen lassen. Erst dann den zweiten Teil abspielen und die rechte Blatthälfte ausfüllen lassen.
1. Kl.: Die Kinder zeichnen Tiere und Personen auf.
2. Kl.: Die Kinder schreiben alles auf.

Lösung:
Links: ein Kind, ein Mann, eine Frau, ein Esel, ein Ochse
Rechts: vier Kinder, fünf Männer, zwei Esel, zwei Ochsen, drei Eulen, zwei Igel, zwei Hunde, drei Schafe

Zur Kontrolle hören die Kinder nochmals den ganzen Text. Anschließend werden die Ergebnisse im Sitzkreis verglichen und besprochen.

- Material: CD, CD-Player, Text „Track 5" nur für die Lehrperson, Kopien AB 5/5

6. Lektion – Geschenke

Zu diesem Zeitpunkt sollte Weihnachten gerade vor der Türe stehen. Ist das Fest schon vorbei, kann das AB 5/6 statt als Wunschzettel als „Liste der erhaltenen Geschenke" verwendet werden. Natürlich muss der mündliche Teil dann etwas angepasst werden.

A) Schreibanlass
Rundgespräch: „Wer von euch feiert zu Hause Weihnachten? Sicher feiert jeder von euch ein großes Fest, an dem die Kinder Geschenke bekommen? Was hast du da schon bekommen? Was wünschst du dir?"

AB 5/6 „Wünsche und Geschenke":
„Wer hat seine Wünsche schon einmal auf einen Wunschzettel geschrieben?"
1. Kl.: Die Kinder zeichnen und/oder schreiben (Anlaut oder Wort), was sie sich wünschen
2. Kl.: Die Kinder schreiben ihre Wünsche auf den Wunschzettel. Kinder, die schon gut Texte verfassen können, beschreiben einen Wunsch ganz genau.

- Material: Kopien AB 5/6

Lernort 5: Hell und Dunkel

B) Sprechen
Präsentation der Wunschzettel. Vielleicht möchten einige Kinder ihren Wunschzettel anschließend noch durch neue Ideen ergänzen?

7. Lektion – Hell und Dunkel

A) Wortschatz „Hell und Dunkel"
In der Kreismitte liegen zwei Kärtchen mit den Begriffen „hell" und „dunkel". Weitere Wortkärtchen werden ausgeteilt. Nun müssen die Kinder ihren Begriff zuordnen, bei manchen fragt die Lehrperson nach dem Grund der Zuordnung. Alle Kärtchen müssen von der LP zuvor erstellt werden.

> Material: 2 größere Kärtchen: hell, dunkel;
> Kärtchen mit Wörtern wie: der Tag, die Nacht; gelb, braun oder violett; der Sommer, der Winter; sonnig, bewölkt; blonde Haare, braune Haare; weiß, schwarz; fröhlich, traurig; draußen, drinnen; etc.

B) Wortschatz „leuchten", Wiederholung Steigerungsformen
AB 5/7 „Das alles leuchtet":

„Was leuchtet alles?" Auf AB 5/7 finden sich einige Dinge, die leuchten. An der Wandtafel notiert die Lehrperson die Begriffe durcheinander: die Straßenlaterne, die Wohnzimmerlampe/Stubenlampe (CH), die Kerze, die Fahrradlampe, die Sonne, der Rückstrahler, das Handy, der Fernseher, die Taschenlampe.

Diskussion: hell, heller, am hellsten / klein, kleiner, am kleinsten / gleich groß wie / etc. – Was passt wozu?

Die Kinder schreiben die Anlaute oder Wörter auf das AB 5/7.

> Material: Kopien AB 5/7

8. Lektion – Hell, heller, am hellsten

A) Arbeit an der Schatzkarte
AB 5/8 „Hell und Dunkel":
Jedes Kind färbt seine 4 Quadrate (z. B. über Kreuz mit 2 hellen und 2 dunklen Farben) ein.

Gespräch über die gewählten Farben: „Welches ist die hellste Farbe? Welche Farben sind leuchtend? Wer hat ähnliche Farben gewählt?" etc.

> Material: Kopien AB 5/8 auf weißes, festes Papier, Wasserfarbkasten, Pinsel, Wasserbehälter, Zeitungen

Lernort 5: Hell und Dunkel

B) Sprechen, Wiederholung Wortschatz „leuchten"

Ratespiel: Jedes Kind erhält eine Bildkarte (Gegenstände von AB 5/7). Das „Ding" soll so gut beschrieben werden, dass es von den anderen erraten werden kann. Beispiel Handy: „Mein Ding ist nicht sehr hell. Viele Leute tragen es in der Tasche mit. Man braucht es zum Telefonieren."

- Material: Kopie AB 5/7, in Einzelbilder zerschnitten und auf Kärtchen geklebt.

9. Lektion – Der Tagesablauf (1)

A) Wortschatz „Tagesablauf"

AB 5/9 „Antoninos Tag":

Einführendes Gespräch: „Der Tag ist hell, die Nacht ist dunkel. Was macht ihr am Tag, was in der Nacht?"

Jeder Erstklässler bekommt ein oder zwei Kärtchen (Abbildungen von AB 5/9).
„Auf eurem Kärtchen seht ihr Antonino. Was macht Antonino gerade?" Nun werden die Kärtchen mit den beschriebenen Tätigkeiten (linke Seite auf AB 5/9) in zufälliger Reihenfolge an die Zweitklässler verteilt und von den Kindern vorgelesen. Welcher Text passt zu welcher Tätigkeit?

„Nun ordnen wir Antoninos Tag. Es ist früh am Morgen. Was macht Antonino zuerst?"
Die Kinder legen die Kärtchen und die dazugehörigen Beschreibungen in der richtigen Reihenfolge des Tagesverlaufes. Die Zweitklässler (oder bei nicht gemischten Gruppen die Lehrperson) lesen die Kärtchen vor, die Erstklässler ordnen sie zu.

Gespräch: „Wann ist es hell, wann dunkel? Was gehört zum Tag, was zur Nacht? Was ist bei eurem Tagesablauf gleich, was anders?"

- Material: Kopie AB 5/9 (am besten als Vergrößerung), in Kärtchen zerschnitten; evtl. große Uhr, um den Tagesablauf zu veranschaulichen

oder

B) Wortschatz „Tagesablauf", 2. Kl. Leseverstehen

AB 5/9:

1. Kl.: Die Kinder schneiden alle Zeichnungen aus und kleben sie in der richtigen Reihenfolge auf ein Blatt.
2. Kl.: Die Kinder schneiden alle Teile aus und kleben sie in der richtigen Reihenfolge und als richtiges Paar auf ein Blatt.

- Material: Kopien AB 5/9 und leere Blätter, Klebestifte, Scheren

Lernort 5: Hell und Dunkel

10. Lektion – Der Tagesablauf (2)

A) Wiederholung Wortschatz „Tagesablauf"
Rundgespräch: Jedes Kind sagt einen Satz zum Morgen, Mittag etc. aus seinem Tagesablauf.

B) 1. Kl.: Schreiben, 2. Kl.: Leseverstehen
1. Kl.: Die Kinder schreiben die Wörter Morgen, Mittag, Nachmittag und Abend mit Abständen auf ein Papier. Anschließend schreiben sie mit einer anderen Farbe mit Hilfe der Anlauttabelle Wörter oder Sätze dazu, die zu ihrem persönlichen Tagesablauf passen: duschen, Frühstück etc. Am Morgen bin ich müde. Papa liest mir am Abend eine Geschichte vor. etc.
Wer noch keine Wörter schreiben kann, behilft sich mit Zeichnungen und Anlauten.

Material: Liniertes Papier

2. Kl.: AB 5/10 „Emilys Tagesablauf und AB 5/11 „Emilys Tag":
Der Text „Emilys Tagesablauf" wird in Teilen (Morgen, Vormittag, Mittag, Nachmittag, Abend) im Zimmer rundherum aufgehängt. Die Kinder lesen die Texte und beantworten anschließend die entsprechenden Fragen auf AB 5/11

Material: Kopien AB 5/11, eine Kopie AB 5/10 (in 5 Teile zerschnitten) im Zimmer aufhängen

11. Lektion – Hell auf dunkel, dunkel auf hell

A) Arbeit an der Schatzkarte
Mit den Schablonen aus der 1. Lektion dieser Einheit stellen die Kinder vier verschiedenfarbige Figuren her. Die ausgeschnittenen Symbole werden nach persönlichem Geschmack auf die farbigen Quadrate aus Lektion 8 geklebt.

Material: farbiges Zeichenpapier, ausgeschnittene Adventssymbole von der 1. Lektion (AB 5/1), Scheren, Klebestifte

B) Wiederholung der Präpositionen
Die Lehrperson nimmt während der Bastelarbeit Kinder einzeln oder zu zweit zu sich. Erst im Einzelgespräch wird sich zeigen, ob die Präpositionen nun verstanden sind und angewendet werden können. Mit einfachen Hilfsmitteln (z. B. ausgeschnittenes Symbol vom AB 5/1 und Papierblatt) werden die Präpositionen wiederholt:
„Leg die Glocke unter das Blatt! Leg sie nun auf das Blatt in die Ecke oben rechts. Sag mir, wo du die Glocke jetzt hinlegst." etc.

Material: Kleinigkeiten aus dem Klassenzimmer, z. B. ausgeschnittenes Symbol vom AB 5/1 und Papierblatt

C) Sprechen
Das große Quadrat wird nun ausgeschnitten.
Rundgespräch: „Welche Figur leuchtet am hellsten? Welche Figur wirkt dunkel? Warum?"

Lernort 5: Hell und Dunkel

12. Lektion – Schattentheater

A) Arbeit an der Schatzkarte
Die großen Quadrate werden an den entsprechenden Ort auf die Schatzkarte geklebt.

Gespräch über die Schatzkarte: „Haben wir den größeren oder den kleineren Teil unseres Weges hinter uns? Lasst uns die Fussabdrücke zählen, die hinter/vor uns liegen."

- Material: alle ausgeschnittenen Quadrate, Schatzkarten

B) Sprechen
AB 5/12 „Schattentheater":
„Wir zünden nochmals die gleiche Kerze an wie am Anfang unseres Themas. Erinnerst du dich an die großen Schatten? Wir spielen zum Schluss nochmals ein Schattentheater – diesmal mit unseren Händen."

Die Kinder probieren die Handstellungen aus. Jedes Kind entscheidet sich für eine Figur. Spontan spielen Lehrperson und Kinder ein kleines Schattentheater. Die Kinder lassen z. B. die Tiere erzählen, was sie, die Kinder, alles zum Thema „Hell und Dunkel" gemacht haben oder welche Erfahrungen die Tiere mit hell und dunkel gemacht haben!

- Material: 1-3 Kopien AB 5/12, Kerze als Lichtquelle

Weiterführendes, geeignetes Material zum Thema:

- Anton-Werkstatt „Weihnachten", SCHUBI Lernmedien, Bestell-Nr. 114 33
- Anton-Werkstatt „Licht und Schatten", SCHUBI Lernmedien, Bestell-Nr. 114 34

Advents-Symbole

Lernort 5: Hell und Dunkel – Domino

Start	(nest)	Mm	(underwear/helmet)
Nn	(ant/pineapple)	Uu	(tent)
Aa	(table)	Zz	(duck/donkey)
Tt	(guitar)	Ee	(dinosaur)
Gg	(splash)	Dd	(sheep)
Ww	(moon)	Schsch	(robot)

91

Lernort 5: Hell und Dunkel – Domino			
Rr	🍌	Üü	🧳
Bb	🦔	Kk	🦁
Ii	🛹	Ll	🤠
Ss	🪈	Hh	🔥
Oo	📦	Ff	⛽
Pp	🚫	Öö	ENDE

Advent

  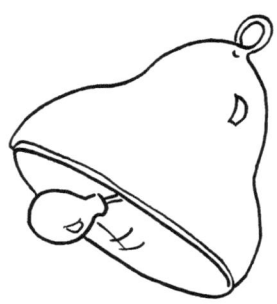

  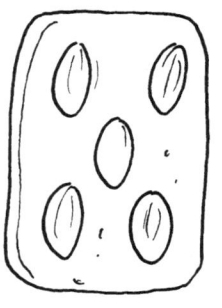

Lernort 5: Hell und Dunkel – Weihnachtsgeschichte

Die Weihnachtsgeschichte

Die Menschen im Land Israel müssen dem Kaiser in Rom gehorchen. Er heißt Augustus. Kaiser Augustus hat den Menschen befohlen: „Geht in die Stadt, wo eure Familie herkommt! Ich will euch alle zählen."

Josef wohnt in der Stadt Nazareth. Seine Frau heißt Maria. Maria sagt: Bleibe bei mir, ich bekomme bald ein Kind! Josef sagt: Komm, Maria! Wir gehen zusammen nach Bethlehem. Dort kommt meine Familie her."
Der Weg ist weit.

In Bethlehem ist kein Platz. Ein Mann sagt: „Geht in meinen Stall! Ihr könnt dort schlafen."

Im Stall bekommt Maria ihr Kind. Es ist ein Sohn. Er heißt Jesus. Sie legt ihn in eine Futterkrippe.

Draußen auf dem Feld sind Hirten. Sie passen in der Nacht auf ihre Schafe auf. Plötzlich rufen sie: „Schaut, es ist ganz hell!" Da steht ein Engel bei ihnen. Die Hirten haben große Angst. Der Engel sagt: "Habt keine Angst! Ich bringe euch große Freude. Heute ist ein König geboren. Er wird allen Menschen helfen. Geht und sucht ihn. Er liegt in einer Futterkrippe in einem Stall." Dann kommen noch viel mehr Engel. Sie singen: „Friede auf der Erde! Gott hat die Menschen lieb."

Nun sind die Engel wieder fort. Die Hirten gehen nach Bethlehem. Sie laufen. Sie wollen den König sehen. Die Hirten kommen zum Stall. Sie sehen Maria und Josef. Sie sehen Jesus in der Futterkrippe. Die Hirten sagen: „Das Kind ist der neue König. Er wird allen Menschen helfen."

In einem anderen Land leben drei Männer, es sind auch Könige. Jede Nacht schauen sie in den Himmel. Sie kennen alle Sterne.

Einmal sehen sie einen neuen Stern. Sie sagen: „Warum gibt es einen neuen Stern? Ist ein neuer König geboren? – Kommt, wir folgen dem Stern!" Sie gehen weit, der Stern ist über Bethlehem. Sie finden den Stall. Da ist es! Sie freuen sich. Sie gehen in den Stall. Sie sehen Jesus, seine Mutter Maria und Josef. Sie bringen dem Kind Geschenke. Sie wissen: Dieses Kind wird der größte König auf der Welt. Er wird allen Menschen helfen.

Die Könige und die Hirten erzählen den anderen Menschen, was sie gesehen haben.

Lernort 5: Hell und Dunkel — AB 5/3

Die Weihnachtsgeschichte

Gefüllte Datteln

In der Adventszeit werden viele Leckereien gegessen. Hier lernst du, selbst Datteln zu füllen:

1. Hole sechs Datteln.

2. Hole ein Messer. Schneide die Datteln längs ein.

3. Nimm die Kerne heraus.

4. Hole ein Stück Marzipan.

5. Rolle das Marzipan, bis es so dick wie dein kleiner Finger ist.

6. Schneide jede Rolle in 6 Stücke. Lege die Stücke in die Datteln.

7. Hole sechs Nüsse.

8. Drücke die Nüsse in das Marzipan. Schließe die Datteln wieder, indem du von beiden Seiten leicht drückst.

9. Frage deine Lehrerin oder deinen Lehrer, wie du die gefüllten Datteln mit nach Hause nehmen kannst.

Lernort 5: Hell und Dunkel — Track Nr. 5

Zwei Hirten

Enkel: Bitte, Opa, erzähle mir nochmals die Geschichte vom Stall und dem Stern und Jesus und Maria und ...
Großvater: Aber du kennst sie doch schon. Bist du sicher, dass ich dir nicht eine andere Geschichte erzählen soll?
Enkel: Nein, bitte diese Geschichte. Immerhin hast du sie ja selber erlebt...
Großvater: Also gut, setz dich her zu mir. Das Feuer wärmt dich beim Zuhören.

— —

Vor vielen Jahren, als ich noch jung war, hütete ich zusammen mit meinem Vater die Schafe auf dem Feld. In einer dunklen Nacht, als wir uns gerade zum Schlafen hingelegt hatten, habe ich eine Stimme gehört: „Habt keine Angst!" Ich öffnete die Augen. Ein Engel redete mit uns, es war ganz hell geworden. Er sagte: In einem Stall wurde ein König geboren. Jetzt ist er noch klein. Später wird er allen Menschen helfen. Und dann sind noch mehr Engel gekommen und haben gesungen.
Natürlich wollte jeder als Erster beim Kind sein.
Enkel: Und du warst zuerst!
Großvater: Ja, ich war der Erste. Ich hatte den neuen Stern entdeckt, der über einem Stall stand. Schnell lief ich dorthin und fand im Stall alles so, wie es der Engel gesagt hatte: eine Futterkrippe mit dem kleinen Jesus darin, daneben standen Maria und Josef. Und da standen auch zwei Tiere, ein Ochse und ein Esel.
Dieser Anblick war wunderbar. Alles war ruhig, alle waren glücklich.

— —

Aber diese Ruhe dauerte nicht lange. Auch die vier anderen Hirten, die mit mir Schafe hüteten, hatten den Stern entdeckt und kamen zu uns. Sie brachten auch unsere zwei Hunde mit und drei Schafe, die sie dem kleinen Kind schenken wollten.
Weil die Tiere in der Heiligen Nacht miteinander sprechen konnten, luden sie ihre Freunde ein in den Stall: drei Eulen, zwei Igel, einen Esel und einen Ochsen. Auch Leute vom nahen Bauernhof fanden den Weg zur Krippe: eine Frau und drei Kinder.
Jetzt war der Stall voller Tiere und Menschen.
Ich schaute nochmals zum kleinen Kind, das noch immer friedlich in der Futterkrippe schlief und machte mich leise wieder auf den Heimweg.
Enkel: Und hast du Jesus später nochmals gesehen?
Großvater: Ja. Aber diese Geschichte erzähle ich dir ein andermal ...

Im Stall

So sah es im Stall aus, als der Hirtenjunge als Erster eintraf:

So sah es im Stall aus, als der Hirtenjunge wieder ging:

Lernort 5: Hell und Dunkel — AB 5/6

Wünsche und Geschenke

Das alles leuchtet

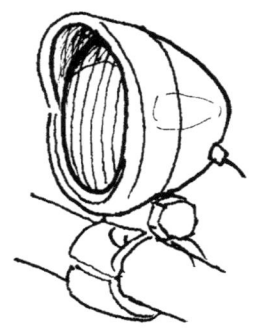

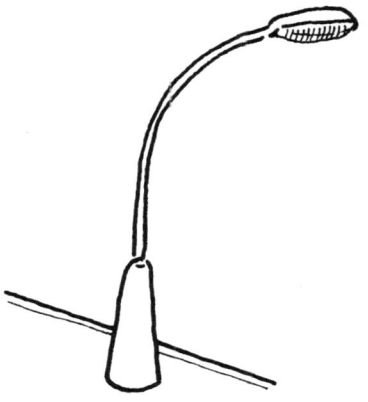

Hell und Dunkel

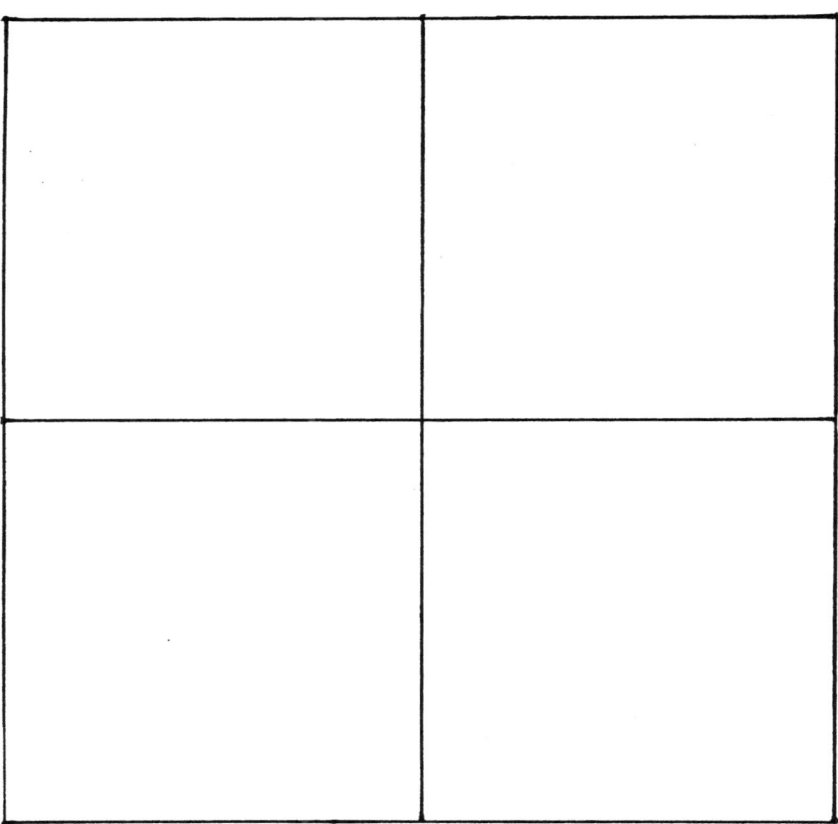

Antoninos Tag

Am Nachmittag spielt Antonino mit seinem Freund Sandro.

In der Schule wird viel gelernt.

Es ist Mittwoch.
Früh am Morgen steht Antonino auf.

Nach dem Abendessen mit der ganzen Familie muss Antonino schon bald ins Bett.

Beim Mittagessen sind Antonino und Mama allein.

Antonino frühstückt, dann geht er in die Schule.

Emilys Tagesablauf

Guten Morgen, Emily! Um 7 Uhr weckt Mutter das Mädchen. Emily muss aufstehen. Sie geht ins Bad und duscht sich. Dann zieht sie sich an und geht in die Küche.
In der Küche steht schon das Frühstück bereit. Emily isst Brot und trinkt Milch. Emily ist noch müde. Die Mutter sagt: Beeile dich, sonst kommst du zu spät zur Schule.

_____

Emily geht immer zusammen mit ihrer Freundin Laura zur Schule. Die Mädchen freuen sich auf die Schule, denn der Tag beginnt mit Sport.
Nach dem Sport wird gerechnet, dann schreiben die Kinder einen Text. In der Pause spielen Emily und Laura zusammen.

_____

Um zwölf hat Emily Hunger und darum läuft sie nach Hause. Mama hat Spaghetti gekocht, dazu gibt es Salat.
Dann macht Emily ihre Hausaufgaben. Sie muss ihren Text fertig schreiben.

_____

Am Nachmittag ist keine Schule. Emilys Mutter arbeitet. Darum geht Emily zu Laura. Die Kinder dürfen an Lauras Computer spielen.
Um sechs holt Mama Emily ab. Mutter und Tochter gehen nach Hause.

_____

Nach dem Abendessen darf Emily noch etwas fernsehen. Sie schaut mit Mama einen Film über Löwen.
Dann ist es Zeit zum Schlafen gehen. Emily zieht ihre Kleider aus und legt sich ins Bett. Mama kommt noch bei Emily vorbei und löscht das Licht aus. Gute Nacht, Emily!

Emilys Tag

Morgen
1. Wann muss Emily aufstehen?

2. Was trinkt Emily beim Frühstück?

Vormittag
3. Worauf freuen sich Laura und Emily?

4. Was macht Emily in der Pause?

Mittag
5. Warum läuft Emily nach Hause?

6. Was macht Emily gleich nach dem Mittagessen?

Nachmittag
7. Warum ist Emily am Nachmittag bei Laura?

8. Wann holt Mama Emily bei Laura ab?

Abend
9. Was machen Emily und Mama nach dem Abendessen?

10. Was sagt Mama zu Emily, wenn sie das Licht löscht?

Schattentheater

Quelle: SCHUBI-Werkstatt „Licht und Schatten" von Bernd Jockweg (Illustrationen: Anne Wöstheinrich)

Lernort 6:

Sehen, Hören & Co. – Didaktische Wegleitung

Wortschatz

Nomen:
der Arm*, das Auge*, die Augenbraue, der Bauch*, das Bein*, die Brille, der Finger*, der Fuß*, das Haar*, der Hals*, die Hand*, die Haut, die Iris, der Jäger, der Kaffee, der (Kartoffel-)Chip (meist im Plural), das Knie*, der Kopf*, der Körper, der Körperteil, der Kuhfladen, das Märchen, die Nase*, das Ohr*, die Orange*, das Parfüm, der Pfeffer, die Pizza, die Pupille, die Rose, der Schnitz, der Sinn, das Sinnesorgan, die Wimper, der Wolf, die Zunge, der Zeh/die Zehe

Verben:
fühlen, hören*, mögen*, riechen*, schmecken*, spüren

Adjektive:
bitter, leicht, hart*, kalt*, nass, salzig, sauer, scharf, spitz/spitzig (CH), stumpf, süß, trocken

Partikel:
auch, immer, manchmal, oft, nie, gern (Adverbien)
außer, oder, und (Konjunktionen)

Redewendungen:
Ich mag ...*

Grammatik

- Adjektive
- Adverbien
- Konjunktionen

Vorschlag zur Unterrichtsgestaltung (6 Lektionen)

Lernort 6: Sehen, Hören & Co.

1. Lektion – Die Körperteile

A) Wortschatz „Körperteile"
In der Mitte des Sitzkreises liegt ein großer Bogen Packpapier: Ein Kind legt sich auf das Packpapier, die Lehrperson oder die anderen Kinder zeichnen die Umrisse mit Wachsmalstiften auf das Papier.
Nun beschriften die Kinder oder die Lehrperson die Körperteile gleich auf dem Papier, mindestens: die Haare, der Kopf, der Hals, der Arm, die Hand, der Bauch, das Bein, das Knie, der Fuß

Material: großer Bogen Packpapier, Wachsmalstifte

Die Kinder schreiben einander Körperteil-Wörter Buchstaben um Buchstaben auf den Rücken. Das vordere Kind errät das geschriebene Wort und zeigt bei sich auf den richtigen Körperteil.

B) Wortschatz „Körperteile"
Aus einer illustrierten Zeitschrift schneiden die Kinder ein Foto einer Person aus. Dieses wird in die Mitte eines Papiers geklebt. Anschließend schreiben die Kinder die Körperteile neben das Bild und ziehen eine Linie zum entsprechenden Teil; zur Hilfe steht das erstellte Körper-Poster zur Verfügung.

oder

1. Kl: Die Kinder schreiben einzelne Wörter: Knie, Kopf etc.
2. Kl: Die Kinder schreiben die Wörter mit dem bestimmten Artikel: das Knie, der Kopf etc.

Material: DIN-A4-Papier, alte illustrierte Zeitschriften (evtl. sind geeignete Ganzkörper-Bilder bereits herausgesucht), Scheren, Klebestifte, beschriftetes Poster (s. Anfang dieser Lektion)

C) Wortschatz „Unsere Sinne", Adjektive
„Mit den Augen könnt ihr sehen. Mit den Ohren könnt ihr hören. Womit könnt ihr spüren – etwa vorhin das geschriebene Wort am Rücken? Mit der Haut können wir fühlen und spüren."

Kim-Spiel: Die Kinder müssen sagen, was sie mit verbundenen Augen spüren: „Das ist ein Schlüssel. Er ist kalt. Das ist ein Schwamm. Er ist nass."

Material: Tuch zum Verbinden der Augen, zum Spüren geeignete Dinge aus dem Schulzimmer: nasser, weicher Schwamm; trockene, harte Kreide; spitze Schere; stumpfer Bleistift; kalter Schlüssel; warme Hand; schweres Buch; leichtes Heft etc.

2. Lektion – Sinnesorgane: Haut und Augen

A) Wortschatz „Augen"
Die Lehrperson erklärt drei Forscher-Aufträge zum Thema „Unsere Augen" und lässt diese die Kinder anschließend selbstständig ausführen:

1. Auftrag: Wörter oder Laute an der Wandtafel sind zu lesen. Die Kinder gehen an die gegenüberliegende Wand des Zimmers und stellen fest, dass sie es nicht mehr lesen können. Langsam kommen sie näher und heften einen Post-it-Zettel mit ihrem Namen dort auf den Boden, von wo aus sie es entziffern können.

Material: Wörter/Buchstaben an der Wandtafel, Post-it-Zettel

2. Auftrag: „Wie verändern sich die Pupillen, wenn du ins Licht oder ins Dunkle siehst?" (z. B. mit den eigenen Hände abdunkeln)

 Material: Spiegel (am besten für die ganze Themenreihe für jedes Kind einen – diese finden sich oft in den Schul-Materialsammlungen für das Fach Geometrie), evtl. Notizzettel zum Aufzeichnen des Unterschiedes

3. Auftrag: „Zeichne ein Auge von dir ganz genau ab!"

 Material: Spiegel, Farbstifte

B) Wortschatz „Augen"
Die Lehrperson bespricht die Aufträge 1 und 2 mit den Kindern.
Die Kinder legen die gezeichneten Augen (von Auftrag 3) in die Mitte. Schaffen es die Kinder, sie der richtigen Person zuzuordnen? Was gehört alles zum Auge? (Pupille, Iris, Wimpern, Augenbraue)

C) Schreiben
AB 6/1 „Meine fünf Sinne – 1":
Die Kinder füllen die ersten zwei Sinne aus. Links ins Kästchen zeichnen sie das entsprechende Sinnesorgan, rechts vervollständigen sie die Sätze und schreiben oder zeichnen, was sie spüren oder sehen können (evtl. an Wandtafel zum Abschreiben notieren):

„Mit meiner Haut kann ich spüren: spitz, nass, weich..."
„Mit meinen Augen kann ich sehen: Farben, Dinge, Menschen..."

 Material: Kopien AB 6/1, Farbstifte, evtl. Spiegel

3. Lektion – Sinnesorgan: Nase

A) Wortschatz „Nase", Adverbien
AB 6/3 „Düfte" als HP-Folie:
„Mit unserer Nase können wir riechen. Was duftet, was stinkt?"
Die Kinder betrachten die Dinge auf AB 6/3 (mit Hellraumprojektor). Gespräch: Was duftet, was stinkt? Was hast du gern, nicht gern? Was riechst du oft, wenig? Wo riechst du es?

 Material: Folie AB 6/3, Hellraumprojektor

B) Lesen, Schreiben
Die Kinder füllen das AB 6/3 so aus, wie es für sie stimmt.

 Material: Kopien AB 6/3

AB 6/1: Die Kinder zeichnen ihre Nase und vervollständigen den Satz:
„Mit meiner Nase kann ich riechen: Rauch, Rosen..."

 Material: Kopien AB 6/1, bereits angefangen in letzter Lektion

Lernort 6: Sehen, Hören & Co.

C) Wortschatz „Nase"

Düfte raten:

In undurchsichtigen, nummerierten Behältern hat die Lehrperson Dinge versteckt, die duften, z. B: Kaffeebohnen, Schokolade, Watte mit Duschmittel, Watte mit Abwaschmittel, Watte mit Ketchup, Zitronenschnitz, Apfelschnitz etc. Die Behälter werden auf verschiedene Tische verteilt. Die Kinder gehen herum und riechen daran.

1. Kl.: Sie skizzieren oder schreiben den vermuteten Inhalt auf einen Notizzettel.
2. Kl.: Sie schreiben den vermuteten Inhalt auf einen Notizzettel.

Schlussgespräch mit Auflösung des Düfte-Ratespiels.

> Material: nummerierte, gefüllte Behälter (z. B. Zündholzschachteln, alte Filmdosen oder andere Plastikbehälter mit Deckel) mit Düften, Notizzettel

4. Lektion – Sinnesorgan: Zunge

A) Wortschatz „Zunge", Konjunktionen; Adjektive

In der Mitte liegt ein Teller mit Keksen (süß), Walnüssen (bitter), Orangenschnitzen (sauer), Kartoffel-Chips (salzig), Pfefferkörnern (scharf).

Aufforderungen: „Iss einen Orangenschnitz und einen Kartoffel-Chip! Iss einen Keks oder ein Pfefferkorn. Iss auch einen Orangenschnitz. Iss von allem außer von den Keksen, den Orangen und den Pfefferkörnern."

Folgende Konjunktionen baut die Lehrperson in ihre Anweisungen ein:
und, oder, auch, außer

Gespräch: „Wie schmecken Kartoffel-Chips? Kartoffel-Chips schmecken salzig. Magst du Kartoffel-Chips? Ich mag Kekse. Warum magst du Kekse?"

> Material: Die Lehrperson stellt zuvor einen Teller zusammen mit Keksen, Walnusskernen, Orangenschnitzen, Chips und Pfefferkörnern

B) Konjunktionen: und, oder, außer, auch, Adjektive

AB 6/4 „Drei Kinder, drei Gesichter" (2. Version für die CH):

1. Kl.: Die Kinder lösen das Logical gemeinsam und mit Hilfe der Lehrperson
2. Kl.: Lösen das Logical in Partnerarbeit.

In gemischten Gruppe können die Zweitklässler den Erstklässlern den Text vorlesen, das Rätsel lösen sie gemeinsam

Lösung von links nach rechts: Sara (blaue Augen, schwarze Haare), Maria (braune Augen, schwarze Haare, Brille), Marco (blaue Augen, blonde Haare, Brille)

> Material: Kopien AB 6/4

Lernort 6: Sehen, Hören & Co.

Anschließend bzw. während der Partnerarbeit macht die Lehrperson ein Portrait-Foto von jedem Kind, das später für die Schatzkarte benötigt wird. Es sollten die Sinnesorgane sichtbar sein (evtl. Zunge rausstrecken ...)

Material: Fotoapparat/Digitalkamera

AB 6/2 „Meine fünf Sinne – 2": Die Kinder zeichnen ihre Zunge und vervollständigen den Satz:
„Mit meiner Zunge kann ich schmecken: süß, salzig, sauer..."

Material: Kopien AB 6/2

5. Lektion – Sinnesorgan: Ohr

A) Hörverstehen
CD, Track Nr. 6 „Rotkäppchen (nach den Gebrüder Grimm)":
Die Kinder hören das Märchen von Rotkäppchen auf CD, Track 6. Vermutlich muss der Zusammenhang kurz zusammengefasst werden und das Märchen wird ein zweites Mal gehört.

Material: CD, CD-Player, Text „Track 6" für die Lehrperson

oder

B) Leseverstehen
AB 6/5 „Rotkäppchen" (2. Version für die CH):
1. Kl.: Lehrperson und Kinder lesen die Sätze gemeinsam und entscheiden, ob der Satz so im Märchen vorgekommen ist (Haken) oder nicht (durchstreichen).
2. Kl.: Die Kinder lesen die Sätze alleine oder in Partnerarbeit und entscheiden, ob der Satz so im Märchen vorgekommen ist (Haken) oder nicht (durchstreichen).
In gemischten Gruppen können für die Arbeit mit AB 6/5 immer ein Erst- und ein Zweitklässler zusammenarbeiten.

Lösung: „Gelogen" sind die Nummern 2, 3, 5, 8, 14, 15, 16

Material: Kopien AB 6/5

C) Schreiben
AB 6/2: Die Kinder zeichnen ihr Ohr und vervollständigen den Satz:
„Mit meinen Ohren kann ich hören: ein Märchen, ein Flüstern, Musik ..."
Zusatzaufgabe AB 6/2 unten: Die Kinder schreiben ein Verb in die Lücke (z. B. hören) und schreiben oder zeichnen in den Rahmen, was sie gerne hören (z. B. Glocke, Radio etc.).

Material: Kopien AB 6/2, bereits begonnen in letzter Lektion

6. Lektion – Alle fünf Sinne

A) Arbeit an der Schatzkarte
Die Kinder kleben ihr Foto auf die Schatzkarte

- Material: gedruckte Portrait-Fotos, Schatzkarten, evtl. Scheren, Klebestifte

B) Sprechen, Wiederholung Wortschatz „Sinnesorgane"
„Wie heißen unsere fünf Sinne? Welches ist für dich der wichtigste Sinn? Was können deine Ohren?" etc.

C) Schreibanlass
1. Kl.: Schreiben auf der Schatzkarte die fünf Sinne oder die Sinnesorgane rund um ihr Portraitfoto.
2. Kl.: Die Kinder stellen sich vor, sie seien auf einem Bauernhof. Was hören, riechen, sehen etc. sie? „Ich sehe eine kleine Katze. Ich rieche das Heu." etc.

- Material: Schatzkarten, liniertes Papier

Weiterführendes, geeignetes Material zum Thema:

- Anton-Werkstatt „Meine Sinne", SCHUBI Lernmedien, Bestell-Nr. 114 36

Meine fünf Sinne (1)

Mit meiner Haut kann ich:

Mit meinen Augen kann ich:

Mit meiner Nase kann ich:

Meine fünf Sinne (2)

Mit meiner Zunge
kann ich: _____

_____

_____

_____

Mit meinen Ohren
kann ich: _____

_____

_____

_____

Das _____ ich gern:

Düfte

Was rieche ich gern, was rieche ich nicht gern? Wie oft und wo rieche ich es?

Lernort 6: Sehen, Hören & Co. – AB 6/4

Drei Kinder, drei Gesichter

Sara ist ganz links zu sehen. Maria und Sara haben schwarze Haare. Sara oder Marco trägt eine Brille.

Zwei Kinder, aber nur ein Mädchen, tragen eine Brille. Marco ist blond und hat blaue Augen.

Aber eines der Mädchen hat auch blaue Augen.

Es ist nicht Maria. Außer blauen Augen sind noch braune Augen zu sehen.

Drei Kinder, drei Gesichter

Sara ist ganz links zu sehen. Maria und Sara haben schwarze Haare. Sara oder Marco trägt eine Brille.

Zwei Kinder, aber nur ein Mädchen, tragen eine Brille. Marco ist blond und hat blaue Augen.

Aber eines der Mädchen hat auch blaue Augen.

Es ist nicht Maria. Ausser blauen Augen sind noch braune Augen zu sehen.

Rotkäppchen (nach den Gebrüder Grimm)

Es war einmal ein kleines Mädchen. Einmal schenkte ihm seine Großmutter ein rotes Käppchen, und von da an hieß es nur das Rotkäppchen. Eines Tages sprach seine Mutter zu ihm: „Komm, Rotkäppchen, da hast du ein Stück Kuchen und eine Flasche Wein, bring das der Großmutter hinaus; sie ist krank und wird sich freuen. Mach dich auf, bevor es heiß wird, und geh immer schön auf dem Weg. Und wenn du in ihre Stube kommst, so vergiss nicht, guten Morgen zu sagen." „Ich will schon alles gut machen", sagte Rotkäppchen zur Mutter.

Die Großmutter aber wohnte draußen im Wald, eine halbe Stunde vom Dorf. Wie nun Rotkäppchen in den Wald kam, begegnete ihm der Wolf. Rotkäppchen aber wusste nicht, was das für ein böses Tier war, und hatte keine Angst vor ihm. „Guten Tag, Rotkäppchen", sagte er. „Guten Tag, Wolf." „Wohin gehst du so früh, Rotkäppchen?" „Zur Großmutter." „Was trägst du da?" „Kuchen und Wein. Gestern haben wir gebacken. Großmutter ist krank, sie soll sich daran freuen." „Rotkäppchen, wo wohnt deine Großmutter?" „Noch eine gute Viertelstunde weiter im Wald, unter den drei großen Bäumen, da steht ihr Haus", sagte Rotkäppchen. Der Wolf dachte bei sich: „Das Mädchen, das ist ein fetter Bissen, der wird noch besser schmecken als die alte Großmutter. Ich muss es gut machen, damit ich beide fressen kann." Da ging er ein Weilchen neben Rotkäppchen her, dann sagte er: „Rotkäppchen, sieh einmal die schönen Blumen, die hier stehen, warum guckst du dich nicht um? Ich glaube, du hörst gar nicht, wie die Vöglein so schön singen? Du gehst ja, wie wenn du zur Schule gehst, aber es ist so lustig hier im Wald."

Rotkäppchen machte die Augen auf, und als es sah, wie die Sonne durch die Bäume schien und alles voll schöner Blumen war, dachte es: „Wenn ich der Großmutter einen frischen Blumenstrauß mitbringe, wird das ihr auch Freude machen; es ist so früh am Tag, dass ich doch zu rechter Zeit ankomme." Es lief vom Weg ab in den Wald hinein und suchte Blumen. Und wenn es eine genommen hatte, sah es eine noch schönere, und lief da hin, und so kam es immer tiefer in den Wald hinein. Der Wolf aber ging geradeswegs zum Haus der Großmutter und klopfte an die Türe. „Wer ist draußen?" „Rotkäppchen, es bringt Kuchen und Wein, mach auf." „Komm zu mir herein!", rief die Großmutter. „Ich kann nicht aufstehen." Der Wolf machte die Türe auf, und er ging, ohne ein Wort zu sagen, zum Bett der Großmutter und verschluckte sie. Dann zog er ihre Kleider an und legte sich in ihr Bett.

Als Rotkäppchen so viele Blumen gefunden hatte, dass es keine mehr tragen konnte, fiel ihm die Großmutter wieder ein, und es machte sich auf den Weg zu ihr. Es wunderte sich, dass die Tür offen war. In der Stube kam es ihm so seltsam vor, dass es dachte: „Wie habe ich heute Angst, und sonst bin ich so gerne bei der Großmutter!" Es rief „Guten Morgen", bekam aber keine Antwort. Da ging es zum Bett. Da lag die Großmutter und sah so seltsam aus. „Ei, Großmutter, was hast du für große Ohren!" „Dass ich dich besser hören kann." „Ei, Großmutter, was hast du für große Augen!" „Dass ich dich besser sehen kann." „Ei, Großmutter, was hast du für große Hände!" „Dass ich dich besser packen kann." „Aber, Großmutter, was hast du für ein großes Maul!" „Dass ich dich besser fressen kann." Kaum hatte der Wolf das gesagt, so tat er einen Satz aus dem Bette und fraß das arme Rotkäppchen.

Dann legte er sich wieder ins Bett, schlief ein und schnarchte laut. Der Jäger ging an dem Haus vorbei und dachte: „Wie die alte Frau schnarcht, ich muss sehen, ob es ihr gut geht." Da kam er in die Stube und sah, dass der Wolf im Bett lag. „Dich habe ich lange gesucht." Nun wollte er den Wolf erschießen, da fiel ihm ein, der Wolf könnte die Großmutter gefressen haben und sie wäre noch zu retten. Er schoss nicht, sondern nahm eine Schere und schnitt dem schlafenden Wolf den Bauch auf. Schon bald sah er das rote Käppchen leuchten, und dann sprang das Mädchen heraus und rief: „Ach, wie hatte ich Angst, wie war es dunkel im Wolf!" Und dann kam die alte Großmutter auch noch lebendig heraus. Rotkäppchen aber holte große Steine, damit füllten sie den Wolf, und wie er aufwachte, wollte er fort laufen, aber die Steine waren so schwer, dass er gleich tot war.

Da waren alle drei froh; der Jäger zog dem Wolf den Pelz ab und ging damit heim, die Großmutter aß den Kuchen und trank den Wein, und wurde wieder gesund. Und Rotkäppchen dachte: „Ich will nie wieder alleine vom Wege weggehen und in den Wald laufen, wenn mir's die Mutter verboten hat."

| Lernort 6: Sehen, Hören & Co. – AB 6/5 |

Rotkäppchen

Welche Sätze hast du in der Geschichte gehört?
Welches sind „Lügensätze"?

1. Es war einmal ein kleines Mädchen.
2. Die Großmutter aber wohnte in einem Bauernhof, eine halbe Stunde vom Dorf.
3. Gute Nacht, Rotkäppchen.
4. Rotkäppchen, wo wohnt deine Großmutter?
5. Es lief vom Weg ab in den Wald hinein und suchte farbige Blätter.
6. Wer ist draußen?
7. Wie habe ich heute Angst, und sonst bin ich so gerne bei der Großmutter.
8. Ei, Großmutter, was hast du für kleine Ohren!
9. Ei, Großmutter, was hast du für große Augen!
10. Dass ich dich besser packen kann.
11. Aber, Großmutter, was hast du für ein großes Maul!
12. Dann legte er sich wieder ins Bett, schlief ein und schnarchte laut.
13. Dich habe ich lange gesucht.
14. Und dann kam die alte Großmutter auch nicht mehr lebendig heraus.
15. Rotkäppchen aber holte große Steine, damit füllten sie den Wolf, und wie er aufwachte, wollte er alle fressen, aber die Steine waren so schwer, dass er gleich tot war.
16. Ich will immer wieder alleine vom Wege weg gehen und in den Wald laufen, wenn mir's die Mutter verboten hat.

Lernort 7:
Bauklötze und Backsteine – Didaktische Wegleitung

Wortschatz

Nomen:
der Abstellraum, die Architektin, der Backstein/der Ziegel(stein) (A/CH), das Bad, der Bagger, der Baggerführer, der Balken, der Bauklotz*, die Baustelle, das Dach*, der Dachdecker, der Draht, die Ecke/das Eck (A), der Eimer, der Eingang, das Einkaufszentrum, die Elektrikerin, der Farbroller, das Fenster*, der (Fenster-)Laden*, das Lineal/der Maßstab (CH), die Garage, der Hammer, das Kabel, der Kamin*/der Schornstein, der Keller, das Kinderzimmer*, die Küche*, der Lastwagen (LKW), der Maler, die Mauer*, der Maurer, die Maurerkelle, der Plan, das Rohr, der (Sanitär-)Installateur, die Säge, das Schlafzimmer, der Schraubenzieher, das Stockwerk, die Tür*, die Wand, die Wohnung, das Wohnzimmer/die Stube (A/CH)*, die Zange, der (Dach-)Ziegel, das Zimmer, der Zimmermann.

Verben:
bauen*, geben*, gehören, putzen*, streichen, verzieren, wachsen, umziehen/umsiedeln (A)/zügeln (CH)

Adjektive:
gefährlich, gespannt, leer, verboten, erster, zweiter, dritter

Pronomen:
was, wem, wen, wer

Partikel:
daneben, herauf, wann, warum, wie, (Adverbien)

Redewendungen:
Bitte!* Danke!*

Grammatik

- Fragewörter: Interrogativpronomen und W-Adverbien (W-Fragewörter)

Lernort 7: Bauklötze und Backsteine

Vorschlag zur Unterrichtsgestaltung (6 Lektionen)

1. Lektion – Haus

oder

A) Wortschatz „Haus"
Die Kinder erhalten den Auftrag, zu zweit oder zu dritt aus Bauklötzen zusammen ein Haus zu bauen. „Gib mir den großen blauen (Bau-)Klotz, bitte. Danke!" Sie sollen sich beim Bau überlegen, wo was ist: Eingangstür, Küche, Schlafzimmer...

Präsentation der Häuser: „Unser Haus hat drei Fenster. Unser Haus hat einen Garten und eine Garage." etc.

- Material: Bauklötze, Lego oder ähnliches

B) Wortschatz „Haus, Zimmer"
AB 7/1 „Mein Haus":
„Nun richtest du ganz alleine dein Haus ein."
Die Kinder schneiden die einzelnen Zimmer auf dem AB 7/1 aus und kleben sie nach ihrer Idee wieder zusammen. Einige Zimmer sind noch leer, damit eigene Ideen verwirklicht werden können: z. B. Spielzimmer, Fernsehzimmer etc. Das Dach, der Garten, der Keller etc. werden von Hand gezeichnet. Die Zimmer können beschriftet werden: die Küche, das Bad etc.

- Material: Kopien AB 7/1, leere A3-Papiere, Scheren, Klebestifte, Buntstifte

C) Wortschatz „Haus, Zimmer"
Präsentation der entstandenen Häuser. „Hier ist die Küche. Daneben ist der Putzraum. Im 1. Stock ist das Elternschlafzimmer. Neben dem Haus steht ein Baum." etc.

2. Lektion – Hausbau (1)

A) Wortschatz „Bau-Berufe"
In der Mitte liegen Zettel mit Zeichnungen von Leuten mit Bau-Berufen (von AB 7/2). „Diese Leute helfen alle mit, wenn ein Haus gebaut wird. Wer tut dabei was?"
Die Kinder erzählen, was sie wissen, die Lehrperson ergänzt.

- Material: 8 Kärtchen mit den Berufsleuten von AB 7/2 (2. Version für die CH), kopiert, evtl. vergrößert und ausgeschnitten

Die Lehrperson flüstert einem Kind einen Beruf ins Ohr. Dieses spielt nun pantomimisch vor, wie es am Hausbau mitarbeitet. Die anderen Kinder müssen erraten, um welchen Beruf es sich handelt.
Die übrigen Kärtchen von AB 7/2 kommen ebenfalls in die Kreismitte. Die Kinder müssen 3er-Gruppen finden (immer Beruf, Werkzeug, Material), die zusammengehören, und die Dinge benennen.

- Material: 16 weitere Kärtchen von AB 7/2 mit den Materialien und den Werkzeugen, kopiert, ausgeschnitten und evtl. vergrößert

Lernort 7: Bauklötze und Backsteine

B) Wortschatz „Hausbau"
AB 7/2 „Berufe auf dem Bau" (2. Version für die CH):
Memo-Spiel mit den Karten in Gruppen (bis zu 4 Kindern). Es dürfen immer 3 Karten aufgedeckt werden. Damit das Trio behalten werden darf, müssen mindestens zwei Begriffe (Beruf, Material oder Werkzeug) richtig genannt werden können. Die Begriffe sollen mit dem richtigen Artikel gesprochen werden: der Pinsel, die Leiter etc.

> Material: je ein vorbereitetes Bau-Memo pro Gruppe (AB 7/2). Berufsleute-, Materialien- und Werkzeugkärtchen sollten je mit der gleichen Farbe auf der Rückseite bezeichnet werden.

3. Lektion – Hausbau (2)

A) Interrogativpronomen
In der Mitte liegen wieder die Memo-Karten: Die Lehrperson stellt Fragen mit wer, wem, wen, was: „Wer malt die Wände? Wem gehört diese Leiter? Wen siehst du alles? Was ist das?" etc.
Die Lehrperson oder ein Kind schreibt die vier Interrogativpronomen an die Tafel.

> Material: Tafel, Memo-Karten von der letzten Lektion (AB 7/2). Achtung: Sie werden später noch zum Aufkleben auf die Schatzkarte benötigt.

B) Interrogativpronomen, Wiederholung Wortschatz „Hausbau"
Folie AB 7/3 „Auf der Baustelle":
Kurzes Gespräch darüber, was hier zu sehen ist und was hier noch nicht zu sehen ist (z. B. Maler, Elektriker und Installateur, die erst kommen, wenn der Rohbau fertig ist etc.)

AB 7/3:
Die Lehrperson oder die Kinder stellen Fragen mit den Interrogativpronomen. Die Kinder antworten. „Wer schaut auf die Baustelle? Was macht der Maurer?"

1. Kl.: Die Lehrperson stellt weitere Fragen mit den Interrogativpronomen: „Wer arbeitet auf dem Dach? Wo ist die Architektin?" Die Kinder malen die Personen/Dinge auf dem Blatt an, nach welchen gefragt wurde.
2. Kl.: Die Kinder beantworten schriftlich die Fragen auf dem Blatt.

Die Fragen können auch von je einem Erst- und einem Zweitklässler in Partnerarbeit bearbeitet werden.

> Material: Folie AB 7/3, Hellraumprojektor, Kopien AB 7/3

4. Lektion – Viele Fragen

A) W-Adverbien, Perfekt
Die Lehrperson hat zu den Interrogativpronomen die Adverbien wo, wann, wie und warum an die Wandtafel geschrieben.
„Letztes Mal haben wir viele Fragen gestellt. Heute stellen wir noch mehr Fragen." Die Lehrperson bittet ein Kind, einen Satz zum vergangenen Wochenende zu erzählen, z. B: „Ich bin schwimmen gegangen."

Lernort 7: Bauklötze und Backsteine

Jetzt wollen die Lehrperson und die Kinder möglichst viel dazu herausfinden und stellen möglichst viele Fragen. Jedes gebrauchte Fragewort wird an der Tafel mit einer Farbe gekennzeichnet. „Wo bist du schwimmen gegangen? Wer ist mitgekommen? Wie kommt man zum Hallenbad?" etc. Gelingt es, zu einem Wochenenderlebnis mit allen Fragewörtern eine Frage zu stellen?

B) Lesen
AB 7/4 „Die neue Wohnung":
1. Kl.: Die Kinder lesen das AB gemeinsam mit der Lehrperson (oder diese liest den Text vor).

oder

2. Kl.: Selbstständiges Lesen

- Material: Kopien AB 7/4

C) Leseverstehen, Schreiben
AB 7/5 „Die neue Wohnung – Fragen":
1. Kl.: Die Kinder lesen die Fragen oder lassen sie sich vorlesen und schreiben Stichworte als Antwort.

oder

2. Kl.: Die Kinder lesen die Fragen und schreiben je einen Satz als Antwort.

- Material: Kopien AB 7/5, evtl. auf die Rückseite von AB 7/4 kopiert (schwieriger)

Bei gemischten Lerngruppen bietet es sich an, die AB 7/4 und 7/5 jeweils von einem Erst- und einem Zweitklässer gemeinsam bearbeiten zu lassen.

5. Lektion – Ein Haus basteln

A) Hörverständnis
Track 7 „Ein Haus aus Papier":
Die Kinder hören, wie Jules und Tsering zusammen ein Haus basteln.

- Material: CD, CD-Player, Text „Track 7" für die Lehrperson

Bastelarbeit „Hausbau":
Die Kinder arbeiten zu zweit. Die Lehrperson spielt Track Nr. 7 nochmals ab, unterbricht aber bei allen Pausen (--). Dort haben die Kinder Zeit, das Gehörte nachzubasteln.

So sieht das gebastelte Haus aus: Das rote Dach hat Ziegel eingezeichnet (mit schwarzem Farbstift), eine Katze und ein Kamin sind darauf aufgeklebt. An der weißen Hausmauer wachsen blaue und gelbe Blumen empor, es gibt drei Fenster mit grünen Läden und eine Tür, die sich öffnen lässt.

- Material: Für jede Gruppe liegen auf dem Pult ein rotes und zwei etwas kleinere weiße Papierrechtecke bereit. Außerdem: Scheren, Klebestifte

Lernort 7: Bauklötze und Backsteine

B) Arbeit an der Schatzkarte
Jedes Kind klebt drei zueinander passende Memo-Karten (vgl. 2. Lektion) auf seine Schatzkarte.

- Material: Memo-Karten (AB 7/2) in Originalgrösse, Schatzkarten, Klebestifte

6. Lektion – Mein Traumhaus

A) Schreibanlass
AB 7/6 „Mein Traumhaus":
„Wie sieht dein Traumhaus aus?"

1. Kl.: Die Kinder lesen die Fragen oder lassen sie sich vorlesen, beantworten stichwortartig die Fragen und zeichnen ihr Traumhaus auf die Rückseite des ABs.
2. Kl.: Die Kinder lesen und beantworten die Fragen auf AB 7/6 und zeichnen ihr Traumhaus auf die Rückseite des ABs.

- Material: Kopien AB 7/6, Farbstifte

B) Sprechen, Wiederholung Wortschatz „Haus"
Die Kinder präsentieren ihre Blätter mit dem Traumhaus.
Bei verbleibender Zeit kann mit den Bauklötzen (vgl. 1. Lektion) ein gemeinsames Traumhaus, ein Wolkenkratzer o. ä. gebaut werden.

Weiterführendes, geeignetes Material zum Thema:

- Zora-Werkstatt „Bauen und Konstruieren", SCHUBI Lernmedien, Bestell-Nr. 114 26

Lernort 7: Bauklötze und Backsteine — AB 7/1

Mein Haus

Lernort 7: Bauklötze und Backsteine — AB 7/2

Berufe auf dem Bau

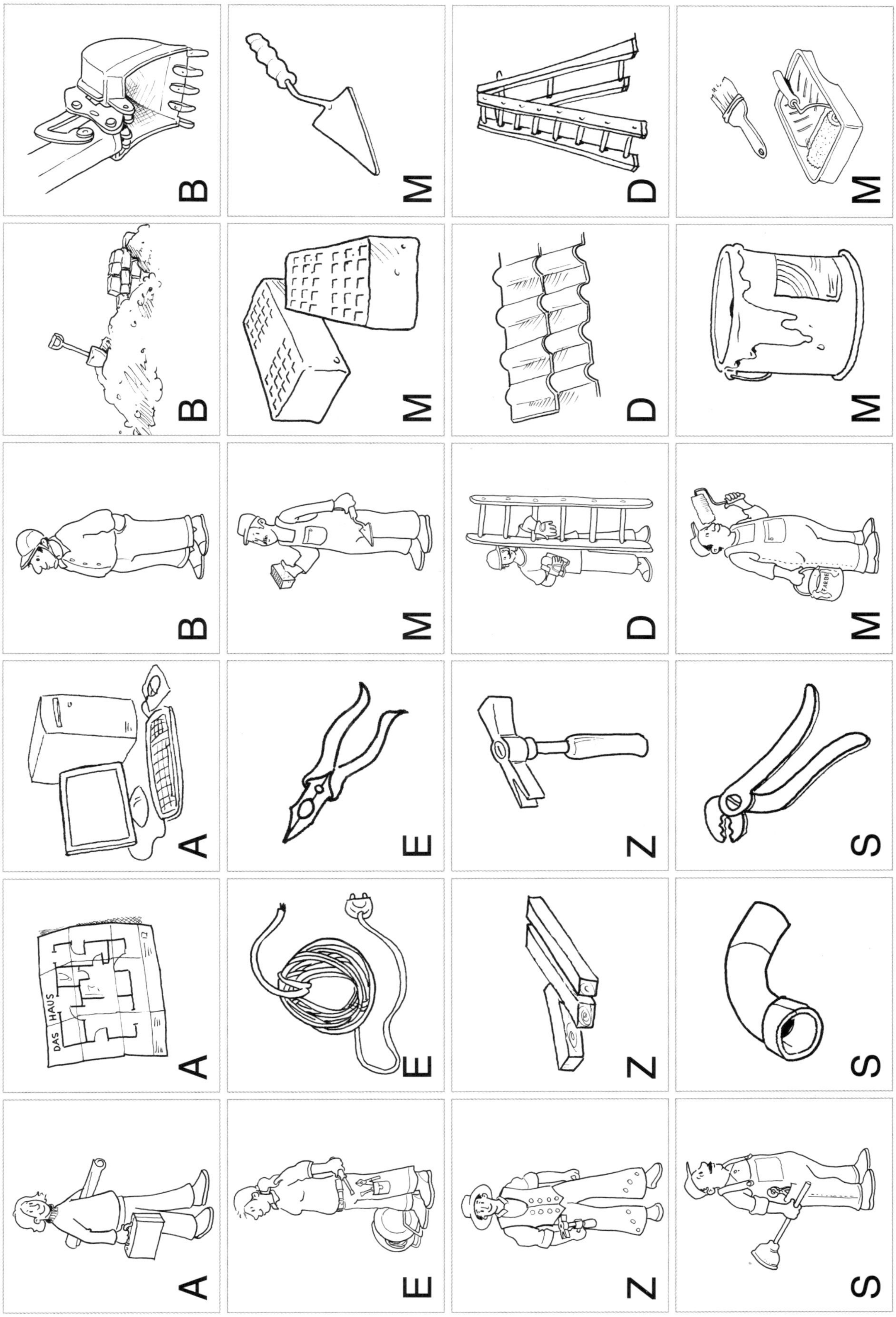

B	M	D	M
B	M	D	M
B	M	D	M
A	E	Z	S
A	E	Z	S
A	E	Z	S

125

Auf der Baustelle

Auf Baustellen ist es gefährlich. Darum ist es verboten, auf Baustellen zu spielen. Ardian schaut von weitem zu.

Wer schaut auf die Baustelle?

Wen sieht er?

Was wird da gebaut?

Wem gehört das neue Haus?

Die neue Wohnung

Elvedina und Alma gehen heute Nachmittag mit ihrer Mama zur Baustelle des Hauses, in das sie bald umziehen werden. Die Baustelle liegt gleich hinter dem Einkaufszentrum.

Alle freuen sich auf die neue Wohnung. Sie hat drei Schlafzimmer, für jede ein eigenes. Die alte Wohnung ist mit den zwei Schlafzimmern zu klein geworden.

Das Haus ist schon bald fertig. Der Dachdecker und der Maler sind an den letzten Arbeiten. Mama bespricht mit dem Maler die Farben der Zimmerwände. Elvedina will ein gelbes Zimmer, Almas Zimmer soll hellblau werden.

Nach einer Stunde machen sie sich wieder auf den Heimweg.

Schon in fünf Wochen werden Mama, Elvedina und Alma ins neue Haus umziehen.

Lernort 7: Bauklötze und Backsteine – AB 7/5

Die neue Wohnung – Fragen

Wo steht das neue Haus?

Wer zieht bald in eine neue Wohnung?

Wann kann die Familie umziehen?

Warum muss die Familie umziehen?

Was macht die Familie heute Nachmittag?

Wie soll der Maler Elvedinas Zimmer streichen?

Lernort 7: Bauklötze und Backsteine — Track Nr. 7

Ein Haus aus Papier

Tsering: Jules, holst du bitte die Blätter?
Jules: Welche Blätter? Und warum?
Tsering: Wir sollen doch zusammen ein Haus basteln. Hol' vorne beim Pult ein rotes und zwei weiße Blätter. Ich hol' in der Zwischenzeit Schere und Klebstoff.

— —

Tsering: Ich schneide die oberen Ecken vom roten Papier ab – das wird unser Hausdach. Und dann zeichne ich mit einem schwarzen Farbstift die Ziegel ein.
Jules: Gut. Ich zeichne auf eines der weißen Papiere eine Tür und drei Fenster. Die Fenster haben grüne Läden und die Tür schneide ich so auf, dass man sie öffnen kann.

— —

Jules: Bist du auch fertig? Dann klebe ich jetzt dein Dach auf meine Hauswand. Tsering, könntest du noch einen Kamin zeichnen auf das andere weiße Papier?
Tsering: Okay, den können wir dann ausschneiden und auf das Dach kleben.

— —

Jules: Ich finde, es sieht so noch ein bisschen leer aus.
Tsering: Stimmt... ich weiß, was wir machen könnten. Du kannst doch so gut Kätzchen zeichnen. Hier auf dem Papierrest gibt es noch Platz. Wenn es fertig ist, schneidest du es aus und klebst es auch noch auf das Hausdach.
Jules: Gute Idee. Aber was machst du in der Zwischenzeit?

— —

Tsering: Ich verziere die Hausmauer. Ich zeichne Blumen, die an der Wand heraufwachsen. Soll ich sie gelb oder blau malen?
Jules: Egal. Zeichne doch gelbe und blaue!

— —

Jules: So, jetzt sind wir fertig.
Tsering: Ja, sieht gar nicht schlecht aus, unser Haus. Nun bin ich aber gespannt, was die anderen gebastelt haben.

Lernort 7: Bauklötze und Backsteine — AB 7/6

Mein Traumhaus

Wie sieht es aus?

Wo steht es?

Mit wem wohnst du dort?

Wann ziehst du dort ein?

Was wächst im Garten?

Lernort 8:

Es wird wieder wärmer – Didaktische Wegleitung

Wortschatz

Nomen:
der Ausweis, der Bach*, der Ball, die Biene, die Blume*, der Blumentopf, die Blüte, das Boot, das Brot*, der Delfin, der Detektiv, der Durst*, das Einrad, das Eis, das Erlebnis, das Fahrrad*/das Velo (CH), der (Trick-)Film, der Fisch*, der Fluss, der Frosch, der Fußball, der Handschuh*, der Honig, der Hut, der Käse*, der Kaugummi, das Ketchup, das Kickboard*, das Kleid, der Krebs, die Lakritze/der Bärendreck (CH), die Libelle, die Limonade, das Meer, die Mitte, die Möwe, die Muschel, die Mütze, die Nudeln/die Teigwaren (CH) (meist im Plural)*, das Osterei, die Osterglocke, der Park, die Pommes frites (nur Plural), der Posten, die Puppe*, die Quelle, die Regel, der Regen*, der Reis, das Rennen, der Römer, der Schneemann, der Schmetterling, die Schokolade*, der Schwan, der See*, der Seefahrer, die Speise, das Springseil, der Spross, der Stängel, der Stiel, der Tropfen, das T-Shirt*, der Turnschuh, die Tulpe, der Verdächtige, der Vorschlag, die Wäsche*, das Wetter*, die Wolke, die Zwiebel

Verben:
beobachten, falten, fischen, fließen, klettern, probieren, Rad fahren/Velo fahren (CH), regnen*, reinigen, rennen, schweben, schwimmen, sich ausruhen, Ski fahren, sparen, streiten*, trinken*, vorschlagen

Adjektive:
breit, einverstanden, gesund*, hundert, kaputt*, lang*, langweilig, quadratisch, sauber, schmutzig, ungesund, verdächtig, verschieden

Partikel:
gern, lieber, am liebsten (Adverb)

Redewendungen:
Hast du Durst? Hast du Hunger?

Grammatik

- Perfekt und Präteritum

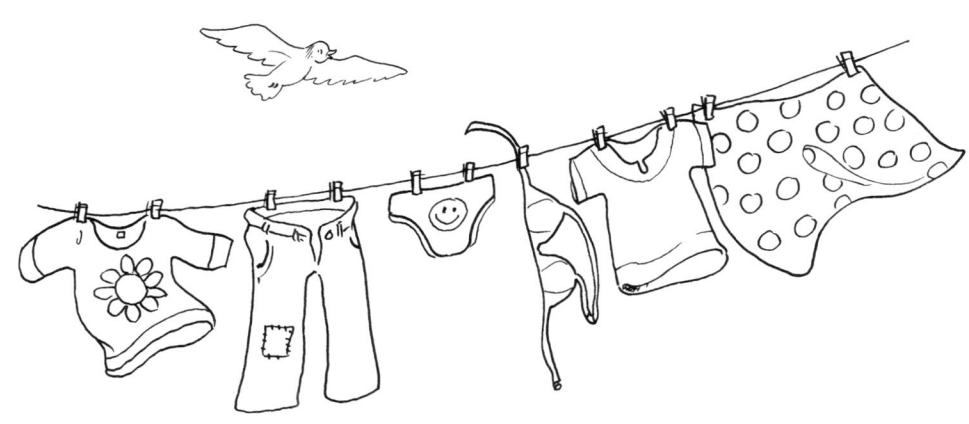

Lernort 8: Es wird wieder wärmer

Vorschlag zur Unterrichtsgestaltung (12 Lektionen)

1. Lektion – Frühling

A) Wortschatz „Frühling", Wiederholung Wortschatz „5 Sinne"
Einstieg: „Jeder von uns hat, wie ihr nun wisst, 5 Sinne (vgl. Lernort 6). Mit allen Sinnen sollt ihr nun unser neues Thema erleben. Bitte verratet den anderen erst am Schluss, was ihr herausgefunden habt."

Die Kinder verbinden sich die Augen:
Sie hören Vogelgezwitscher (wenn möglich Fenster öffnen, sonst ab CD, Track Nr. 8 „Vogelgezwitscher").
Sie schmecken z. B. Frühlingszwiebeln oder erste Kräuter aus dem Garten, einen Schokoladenosterhasen.
Sie riechen Frühlingsblumen, z. B. Veilchen.
Sie tasten ein Osterei oder Weidenkätzchen. (Vorsicht: Weidekätzchen stehen in Deutschland unter Naturschutz, bitte gezüchtete kaufen!)
Ohne Augenbinde: Sie sehen einen Ast mit jungen Blättern oder eine Tulpe.

Im Gespräch diskutieren die Kinder, was wohl das Thema ist.
„Was hast du gehört, geschmeckt...? Was hat das mit dem Frühling zu tun?"

> Material: Augenbinde für jedes Kind (ersatzweise Tücher), oben genannte Frühlingsboten, evtl. CD, CD-Player

B) Wortschatz „Frühling"
Folie AB 8/1 „Frühling":
Die Kinder schauen sich das Frühlingsbild an und erzählen, was sie sehen.
Wer findet die drei „Frühlings-Fehler"?

Lösung: Jemand kehrt Laub zusammen. Vögel werden am Futterbrett gefüttert. An einem Baum hängen reife Äpfel.

> Material: AB 8/1 auf Folie kopiert, Hellraumprojektor

C) Wortschatz „Frühling", Schreiben
Die Kinder bekommen AB 8/1 und markieren dort die drei Fehler. Sie malen die Frühlingsboten an, die die Lehrperson diktiert.

1. Kl.: Die Kinder schreiben anschließend „Frühlingswörter" mit ihrem Artikel auf die Rückseite des Blattes: die Tulpe, das Vogelnest etc.
2. Kl.: Sie schreiben auf die Blattrückseite einen oder mehrere passende Frühlingssätze.

> Material: Kopien AB 8/1

Lernort 8: Es wird wieder wärmer

2. Lektion – Die Tulpe

A) Wortschatz „Tulpe"
In der Mitte liegt eine Tulpe samt Zwiebel oder das Bild einer blühenden Tulpe (z. B. herauskopiert und vergrößert von AB 8/2):

Mit Hilfe der Lehrperson benennen die Kinder die Teile der Tulpe: die Zwiebel, das Blatt, der Stängel, die Blüte. Die Lehrperson oder die Kinder schreiben die Namen der Teile auf Zettel, sie werden richtig zugeordnet. Nun wird noch der Zweck der Zwiebel besprochen (sich ausruhen, Spross).

■ Material: Tulpe samt Zwiebel oder Bild davon, Zettel, Filzstifte

Die Kinder zeichnen die Tulpe ab und beschriften die Teile: die Zwiebel, das Blatt, der Stängel, die Blüte

oder

■ Material: weiße A4-Blätter, Farbstifte

B) Wortschatz „Tulpe", Lesen
AB 8/2 „Die Tulpe", in 4 Teile zerschnitten:
Zu zweit versuchen die Kinder, die richtige Reihenfolge der einzelnen Teile herauszufinden.

1. Kl.: Die Kinder kleben die Teile in der richtigen Reihenfolge auf und schreiben die Jahreszeiten von der Tafel ab.
2. Kl.: Die Kinder schreiben die Jahreszeiten ohne Hilfe auf und kleben die Teile auf. Anschließend lesen sie den Text laut vor.

■ Material: Kopien AB 8/2, entlang der gestrichelten Linien in vier Teile geschnitten. An der Wandtafel stehen die 4 Jahreszeiten: der Frühling, der Sommer...

3. Lektion – Die Tulpe im Jahreslauf

A) Perfekt
Auf die linke Wandtafel schreibt die Lehrperson „Im Winter habe/bin ich...", auf die rechte Wandtafel „Jetzt im Frühling..."
Die Kinder erhalten der Reihe nach Zettel, auf denen je zwei Sätze mit diesen Anfängen stehen, z. B.:

„Im Winter habe ich Handschuhe und Mütze getragen. Jetzt im Frühling trage ich keine warmen Kleider mehr."
„Im Winter habe ich gerne mit Puppen gespielt. Jetzt im Frühling spiele ich gerne mit meinem Ball."
„Im Winter bin ich Ski gefahren. Jetzt fahre ich Rad."
„Im Winter habe ich draußen eine Jacke getragen. Jetzt im Frühling kann ich im T-Shirt und kurzen Hosen draußen spielen."
„Im Winter ist es schon früh dunkel geworden. Jetzt im Frühling wird es erst spät dunkel."
„Im Winter habe ich Weihnachten gefeiert. Im Frühling feiere ich Ostern."
„Im Winter habe ich einen Schneemann gebaut. Jetzt baue ich eine Hütte."
„Im Winter bin ich in dicken Stiefeln herumgerannt. Jetzt trage ich Turnschuhe."
etc.

Lernort 8: Es wird wieder wärmer

Das Kind, das an der Reihe ist, liest die Sätze oder die Lehrperson flüstert sie dem Kind ins Ohr. Das Kind spielt nun pantomimisch die beiden Sachverhalte vor. Die anderen Kinder versuchen zu erraten, wie die beiden Sätze heißen könnten.

Material: Sätze auf Zetteln nach obigem Muster

B) Lesen, Perfekt
AB 8/3 „Winter und Frühling":

1. Kl.: Die Lehrperson liest die Sätze von AB 8/3 zusammen mit den Kindern oder sie liest sie vor. Unbekannte Wörter werden geklärt. Mit einem hellblauen oder einem grünen Kreuz kennzeichnen die Kinder, ob der Satz zum Winter oder zum Frühling gehört. Mit dem entsprechenden Farbstift schreiben die Kinder die beiden Jahreszeiten unten aufs Blatt.

2. Kl.: Die Kinder schreiben auf zwei leere Blätter die Wörter „Winter" und „Frühling". Sie lesen die Sätze von AB 8/3 selbstständig und fragen bei der Lehrperson nach der Bedeutung unbekannter Wörter. Die Sätze werden dann ausgeschnitten und aufs richtige Blatt geklebt.

In gemischten Gruppen können Erst- und Zweitklässler das Arbeitsblatt in Partnerarbeit lösen.

Material: Kopien AB 8/3; 2. Kl.: je 2 leere Blätter (z. B. in den Farben Hellblau und Grün), Scheren, Klebestifte, hellblaue und grüne Farbstifte

4. Lektion – Eine Tulpenkarte basteln

A) Leseverstehen, Perfekt
AB 8/4 „Ich habe ein Tulpe gebastelt":

1. Kl.: Die Lehrperson liest und bespricht AB 8/4 mit den Kindern.

2. Kl.: Die Kinder lesen AB 8/4 durch und lassen sich unbekannte Wörter von der Lehrperson erklären.

In gemischten Gruppen können Erst- und Zweitklässler die Bastelaufgabe in Partnerarbeit erledigen.

Material: Kopien AB 8/4

B) Arbeit an der Schatzkarte
Die Kinder fertigen möglichst selbstständig eine Tulpenkarte an.

Material: AB 8/4 (Anleitung), rote quadratische Papiere (ca. 6x6 cm), grünes Papier für Stängel und Blätter, weiße Papierkarten im Format A7, Scheren, Klebestifte

5. Lektion – Spiele drinnen und draußen

A) Sprechen, Wortschatz „Spiele drinnen und draußen"
„Was kann man alles spielen?" Jedes Kind erzählt, was es gerne spielt.
„Sind diese Spiele eher für draußen oder drinnen? Wo spielst du lieber?" etc.

B) CD, Track 9 „Was spielen wir?":
Hörverstehen, Perfekt, Wortschatz „Spiele drinnen und draußen"
AB 8/5 „Was spielen wir?":
Die Kinder hören zuerst alles im Zusammenhang. Beim zweiten Mal Hören jeweils beim Pausezeichen (--) wird der Hörtext unterbrochen. Dann lösen die Kinder einen Teil auf AB 8/5. (Achtung: Es kann pro Abschnitt auch mehr als ein oder kein Satz richtig sein!)

1. Kl.: Die Lehrperson liest die Behauptungen vor. Mit einem Häkchen wird markiert, was stimmt.
2. Kl.: Die Kinder lesen die Behauptungen selbst. Mit einem Häkchen wird markiert, was stimmt.

Zur Kontrolle hören sich die Kinder evtl. noch einmal alles an.

Lösung: 1a, 1c, 2 -, 3a, 3b, 4b, 5a, 5b, 6b. Alle anderen sind falsche Aussagen.

■ Material: CD, CD-Player, Text „Track 9" nur für die Lehrperson, Kopien AB 8/5

C) Sprechen
Im Rundgespräch können die Arbeitsblätter nun verglichen werden.

6. Lektion – Den Frühling erleben

A) Wiederholung Wortschatz „Frühling"
„Hüssein und Tina spielen Detektive. Wir probieren das jetzt auch, wir sind Frühlings-Detektive." Lehrperson und Kinder machen einen ganz kurzen gemeinsamen Spaziergang. Die Kinder sollen mit allen Sinnen Spuren des Frühlings beobachten.

B) Sprech- und Schreibanlass
Rundgespräch: „Was erleben wir im Frühling? Was habt ihr erlebt?" (Präsens und Perfekt)
AB 8/6 „Im Frühling":

1. Kl.: Sie schreiben, was sie soeben erlebt haben bzw. wem oder was sie begegnet sind: junge Vögel, spielen/gespielt...
2. Kl.: Sie schreiben in Sätzen auf, wie sie den Frühling erleben/erlebt haben.
Es ist warm (gewesen) ...

■ Material: Kopien AB 8/6

Lernort 8: Es wird wieder wärmer

7. Lektion – Unser Essen

A) Wortschatz „Lebensmittel"
In der Kreismitte liegen entweder echte Lebensmittel oder die gezeichneten Speisen und Getränke von AB 8/7.

Gespräch: „Im Frühling arbeiten die Leute im Garten und der Bauer auf dem Feld. Warum? Ja, damit unser Essen wächst! Was kennst du von dem Essen hier im Kreis? Magst du Salat? Was denkst du, ist gesünder: Wasser oder Limo? Was isst du am liebsten? Hast du Durst? Hast du Hunger?" etc.

Material: diverse Lebensmittel oder die Lebensmittel von AB 8/7 vergrößert kopiert und ausgeschnitten.

B) Wortschatz „Unser Essen"
AB 8/7 „Unser Essen":
Die Kinder schreiben den Namen möglichst vieler Speisen und Getränke zu den passenden Zeichnungen, 2. Kl. mit dem bestimmten Artikel.

oder

Sie zeichnen Smileys dazu, ob sie diese Speise mögen oder nicht.
Sie beurteilen, was gesund ist und was nicht.
In den Rahmen können die Kinder noch ihre Leibspeise zeichnen.

Material: Kopien AB 8/7

C) Sprechen
Die Kinder vergleichen ihre ausgefüllten AB 8/7. Insbesondere das „ungesunde" Essen wird Gesprächsstoff liefern. Wichtig ist, dass es auf die Menge ankommt, die wir davon essen. Und noch wichtiger: Nach dem Essen Zähne putzen nicht vergessen!

8. Lektion – Essen früher und heute

A) Sprechen, Präteritum
Rundgespräch: „Heute sind unsere Supermärkte voll mit vielen verschiedenen Lebensmitteln. Das war früher anders. Weißt du, was deine Großeltern einkauften oder noch nicht einkaufen konnten?
Ich werde euch jetzt Lügensätze vorlesen zum Essen früher. Findet die Lüge im Satz!"

Die Lehrperson liest die Sätze von AB 8/8 falsch vor, z. B.:

„Vor 60 Jahren aß man in unserem Land keine Kartoffeln. Bei den Römern stand man beim Essen. Ketchup kannten die Katzen vor 100 Jahren noch nicht. Tomaten waren schon immer die Hauptspeise der Seefahrer. Vor 2000 Jahren salzten die Leute ihr Essen mit Honig. Lakritze/Bärendreck gab es schon in der Steinzeit. So wenige verschiedene Speisen wie heute konnte man noch nie kaufen in den Läden."

Material: Kopie AB 8/8 für die Lehrperson

136

Lernort 8: Es wird wieder wärmer

oder

B) Präteritum
AB 8/8 „So aß man früher" (2. Version für die CH):

1. Kl.: Lehrperson und Kinder lesen und ergänzen die Sätze gemeinsam.
2. Kl.: Die Kinder suchen selbstständig das richtige Verb im Präteritum und setzen es ein.

In gemischten Gruppen bieten sich hier Partnerarbeit mit je einem Erst- und einem Zweitklässler an.

Material: Kopien AB 8/8

9. Lektion – Wasser

oder

A) Wortschatz „Wasser"
Vorbemerkung: Falls beim Schulhaus ein Sandhaufen vorhanden ist und das Wetter mitspielt, lässt sich dort in gemeinsamer Arbeit eine Landschaft eindrücklicher gestalten und besprechen als an der Wandtafel.

„Wasser ist gesund, wir brauchen jeden Tag Wasser. Woher kommt eigentlich unser Wasser?"
Vor den Augen der Kinder zeichnet die Lehrperson die wichtigsten Stationen eines Wasserlaufes an die Tafel. Die Kinder und die Lehrperson kommentieren. „In den Bergen gibt es eine Quelle – dort kommt das Wasser aus der Erde. Dann fließt das Wasser als Bach durch ein Tal. Viele Bäche fließen zusammen, es entsteht ein Fluss. Hier bildet der Fluss einen See. Der Fluss fließt weiter bis zum Meer.
Viele Tiere leben im oder am Wasser. Welche kennt ihr?"
Die Kinder zeichnen oder schreiben sie an der Wandtafel direkt an den richtigen Ort.

oder

B) Wortschatz „Tiere rund ums Wasser"
AB 8/9 „Tiere im und am Wasser":
Die Kinder schneiden die Tiere unten aus und kleben sie an einen passenden Ort auf der Zeichnung. Anschließend werden möglichst viele Tiernamen dazugeschrieben. Hilfe finden die Kinder bei den anderen Kindern oder bei der Lehrperson.

Material: auf A3 vergrößerte Kopien AB 8/9 (die Kinder können den unteren Teil wegschneiden), Scheren, Klebestifte

Lernort 8: Es wird wieder wärmer

10. Lektion – Der Wasserkreislauf

A) Wiederholung Wortschatz „Wasser"
Rundgespräch: Jedes Kind erzählt einen Satz zum Weg des Wassers von der Quelle bis zum Meer. „Und dann? Warum läuft das Meer nicht über?"

B) Präteritum, Wiederholung Wortschatz „Wasser"
AB 8/10 „Ein Wassertropfen erinnert sich", in Teile zerschnitten, durcheinander:
1. Kl. im Kreis: Die Kinder oder die Lehrperson lesen die Sätze. Mit der Zeit finden die Kinder die richtige Reihenfolge. Die Sätze werden nun so oder als Kreislauf auf ein Plakat geklebt. Die Sätze können mit kleinen Skizzen von den Kindern illustriert werden.

> Material: vergrößerte Kopie AB 8/10 (zerschnitten, Reihenfolge durcheinander), leeres Plakat, Klebestifte, eine Kopie AB 8/10 als Kontrollblatt

2. Kl.: Die Kinder lesen die Abschnitte selbstständig oder in Partnerarbeit und bringen sie in die richtige Reihenfolge. Nach einer Kontrolle durch die Lehrperson kleben sie die Teile auf ein A4-Papier. Die Sätze können mit kleinen Skizzen von den Kindern illustriert werden.

oder

> Material: Kopien AB 8/10 (zerschnitten, Reihenfolge durcheinander), weiße A4-Papiere, Klebestifte, eine Kopie AB 8/10 als Kontrollblatt

11. Lektion

A) Schreibanlass, Präteritum
AB 8/11 „Mein Wasser-Erlebnis":

„Was hattest du schon für ein Erlebnis mit Wasser? Beim Schwimmen? Beim Spielen am Bach? Beim Fischen? Beim Sandburgen-Bauen am Meer? Beim Frösche-Beobachten?" Wenige Erlebnisse werden von den Kindern mündlich erzählt (im Präteritum!).

Auf AB 8/11 schreibt jedes Kind sein Wassererlebnis auf. Kinder, die noch nicht in Sätzen schreiben können, machen eine Zeichnung und schreiben einzelne Wörter dazu.

Die Kinder stellen einander anschließend ihre Erlebnisse vor.

> Material: Kopien AB 8/11

B) Hausaufgabe
Am Schluss der Lektion bekommt jedes Kind (evtl. auf einem Zettel) eine Frage zum Thema Wasser. Es muss versuchen, als Hausaufgabe eine Antwort zu finden. Nächstes Mal kann es dazu eine ganz kurze Rede halten (höchstens 2 Minuten!).

Mögliche Fragen:
Wie kann man Wasser sparen?
Wer braucht alles Wasser zum Leben? Wie viel Wasser braucht ein Mensch pro Tag?
Was gibt es für Sportarten im und auf dem Wasser?
Was sind die wichtigsten Regeln beim Baden?
Warum schwimmen große, schwere Schiffe?
Was ist eine Flaschenpost?
Wo wird das schmutzige Wasser sauber gemacht?
Man spricht von Süßwasser und von Salzwasser. Was meint man damit?
Was braucht man alles, wenn man angeln oder fischen will?
Welche verschiedenen Boote/Schiffe kennst du?

- Material: Evtl. die obigen Fragen vergrößert kopiert und auseinander geschnitten.

12. Lektion – Wissenswertes zum Thema Wasser

A) Sprechen
Die Lehrperson liest die Fragen von letztem Mal vor. Das Kind, das die Antwort vorbereitet hat, darf seine „Rede" halten. Anschließend dürfen die anderen Kinder und die Lehrperson Ergänzungen anbringen.

- Material: Fragen vom letzten Mal

B) Arbeit an der Schatzkarte
Die Kinder kleben die Tulpen-Karte an den entsprechenden Ort auf der Schatzkarte. Vielleicht zeichnen die Kinder noch die warme Frühlingssonne und das zum Leben wichtige Regenwasser dazu?

Im Kreis schauen Lehrperson und Kinder die Schatzkarten an und sprechen darüber.
„Wie viele weiße Stellen habt ihr jetzt noch auf eurer Schatzkarte? Keine! Ja dann – muss dies unbedingt die Eule Martha erfahren! Ab und zu sehe ich sie am Abend..."

Weiterführendes, geeignetes Material zum Thema:

- Zora-Werkstatt „Im Frühling", SCHUBI Lernmedien, Bestell-Nr. 114 27
- Zora-Werkstatt „Wasser", SCHUBI Lernmedien, Bestell-Nr. 114 29
- Anton-Werkstatt „Gesunde Ernährung", SCHUBI Lernmedien, Bestell-Nr. 114 37

Frühling

Lernort 8: Es wird wieder wärmer – AB 8/2

Die Tulpe

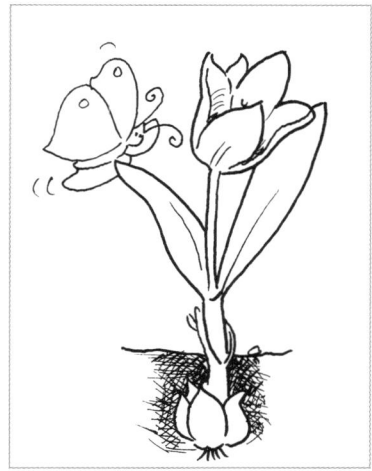

Zuerst kommt der Spross aus der Erde. Der Stängel und die Blätter wachsen. Dann blüht die Tulpe.

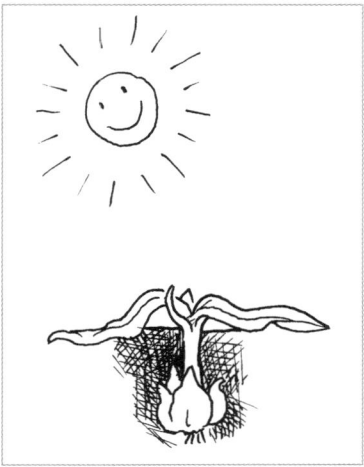

Nun ist die Blütezeit vorbei. Blüte, Blätter und Stängel sind verdorrt. Bald ist über der Erde nichts mehr zu sehen.

Die Tulpenzwiebel liegt immer noch unter der Erde. Sie ruht sich aus.

Am Ende der langen Ruhezeit wächst ein Spross aus der Zwiebel. Bald kommt er aus der Erde.

Winter und Frühling

Ich gehe am Bach spielen.

Jasmin ist Ski gefahren.

Zea hat zur Weihnachtszeit viele Kerzen angezündet.

Wir arbeiten im Garten.

Svenja und Ahinoa bauen sich eine Baumhütte.

Ich darf ohne Jacke zur Schule gehen.

Valentin hat die warmen Handschuhe angezogen.

Ich habe einen Schneemann gebaut.

Tanja und Byron suchen Ostereier.

Wir haben an den langen, dunklen Abenden viel gebastelt.

Ich habe eine Tulpe gebastelt

Gestern habe ich eine Tulpe gebastelt. Ich zeige dir, wie ich es gemacht habe. Zuerst habe ich für die Blüte ein rotes, quadratisches Blatt Papier genommen. Ich habe es so in der Mitte gefaltet, dass ein Dreieck entstanden ist.

Dieses Dreieck habe ich wie einen Hut vor mich hingelegt. Dann habe ich die untere linke Ecke genau auf die obere Ecke gefaltet. Auch die rechte untere Ecke habe ich auf die obere Ecke gefaltet. Nun bin ich mit der Blüte schon fertig gewesen.

Für die Blätter und den Stiel habe ich grünes Papier genommen.
Mit dem Bleistift habe ich alles aufgezeichnet, mit der Schere habe ich es ausgeschnitten.

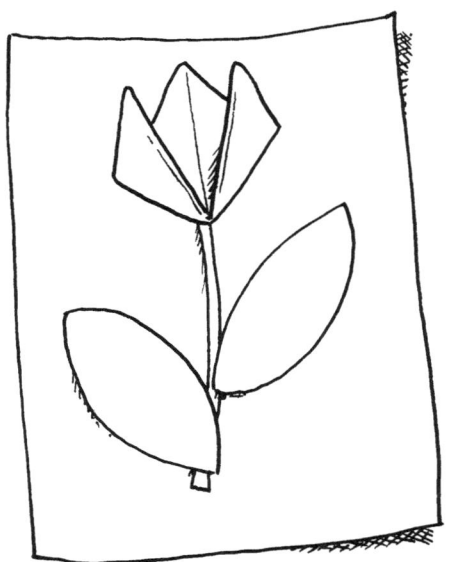

Nun habe ich alles auf eine
weiße Karte geklebt:
zuerst den Stängel, dann die Blätter
und die Blüte – fertig!

Ist deine Tulpe auch
schön geworden?

Lernort 8: Es wird wieder wärmer — Track Nr. 9

Was spielen wir?

Hüssein: Hallo, Tina, bist du auch unterwegs zur Schule?
Tina: Ja, ich will schauen, ob jemand Einrad fährt. Ich möchte das auch lernen.
Hüssein: Was? Das ist doch langweilig! Ich gehe Fußball spielen. Ich will Profi-Fußballer werden.

— —

Tina: Mist. Kein einziges Mädchen ist da. Und natürlich auch kein Einrad…
Hüssein: Spiel doch mit uns Fußball – du kannst ja ins Tor.
Tina: Und mit wem, bitte, willst du Fußball spielen? Oder siehst du vielleicht noch jemanden außer uns beiden?

— —

Tina: Aber du hast doch dieses coole Computerspiel? Wir könnten doch das spielen gehen?
Hüssein: Sicher nicht – bei diesem Wetter will ich lieber draußen spielen. Wir könnten eine Hütte bauen im Park.
Tina: Ich darf nicht in den Park. Aber wir könnten ein Rennen mit dem Fahrrad machen!
Hüssein: Ehm, mein Fahrrad ist kaputt, das geht nicht …

— —

Tina: Dann halt mit dem Kickboard?
Hüssein: Mensch, hast du Ideen. Ich habe gar kein Kickboard.
Tina: Um 4 Uhr kommt ein guter Trickfilm im Fernsehen. Du kannst zu mir kommen, wir können den schauen.
Hüssein: Nein, wie gesagt: Bei diesem Wetter bleibe ich draußen!

— —

Tina: Dann mach doch du einmal einen Vorschlag, was wir spielen könnten!
Hüssein: Wir könnten Detektive spielen. Die Leute beobachten und so.
Tina: Dann brauchen wir aber Detektivausweise. Wollen wir welche basteln?
Hüssein: Das machen wir einmal, wenn es regnet.

— —

Tina: Okay. Komm, wir klettern auf den Baum dort. Von da können wir alles beobachten.
Hüssein: Schau, da kommen schon die ersten Verdächtigen – schnell auf unseren Beobachtungsposten!

Lernort 8: Es wird wieder wärmer – AB 8/5

Was spielen wir?

1) a) Tina hat vorgeschlagen, Einrad zu fahren.
   b) Hüssein hat gesagt, Fußball spielen sei langweilig.
   c) Beide sind zum Schulhaus gegangen.

2) a) Hüssein hat gesagt, er wolle ins Tor gehen.
   b) Es sind noch andere Mädchen beim Schulhaus gewesen.
   c) Es sind noch andere Jungen beim Schulhaus gewesen.

3) a) Tina hat Lust gehabt, am Computer zu spielen.
   b) Hüssein hat gefunden, das sei etwas für schlechtes Wetter.
   c) Hüssein hat gestern sein Fahrrad geflickt.

4) a) Tina hat ihr Kickboard geholt.
   b) Tina hat vorgeschlagen, einen Trickfilm zu schauen.
   c) Hüssein ist einverstanden gewesen.

5) a) Hüssein hat eine neue Spielidee gehabt.
   b) Er hat gesagt, sie könnten Detektiv spielen.
   c) Er hat vorgeschlagen, sofort Detektivausweise zu basteln.

6) a) Die beiden haben immer weiter gestritten.
   b) Tina hat vorgeschlagen, auf einen Baum zu klettern.
   c) Hüssein hat dies zu gefährlich gefunden.

Was spielen wir?

1) a) Tina hat vorgeschlagen, Einrad zu fahren.
   b) Hüssein hat gesagt, Fussball spielen sei langweilig.
   c) Beide sind zum Schulhaus gegangen.

2) a) Hüssein hat gesagt, er wolle ins Tor gehen.
   b) Es sind noch andere Mädchen beim Schulhaus gewesen.
   c) Es sind noch andere Knaben beim Schulhaus gewesen.

3) a) Tina hat Lust gehabt, am Computer zu spielen.
   b) Hüssein hat gefunden, das sei etwas für schlechtes Wetter.
   c) Hüssein hat gestern sein Fahrrad geflickt.

4) a) Tina hat ihr Kickboard geholt.
   b) Tina hat vorgeschlagen, einen Trickfilm zu schauen.
   c) Hüssein ist einverstanden gewesen.

5) a) Hüssein hat eine neue Spielidee gehabt.
   b) Er hat gesagt, sie könnten Detektiv spielen.
   c) Er hat vorgeschlagen, sofort Detektivausweise zu basteln.

6) a) Die beiden haben immer weiter gestritten.
   b) Tina hat vorgeschlagen, auf einen Baum zu klettern.
   c) Hüssein hat dies zu gefährlich gefunden.

Im Frühling

Lernort 8: Es wird wieder wärmer — AB 8/7

Unser Essen

 gern

 nicht gern

 noch nie probiert

 gesund

 ungesund

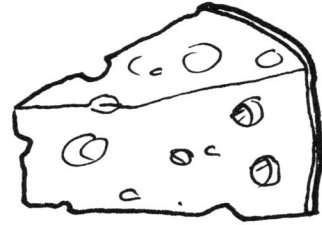

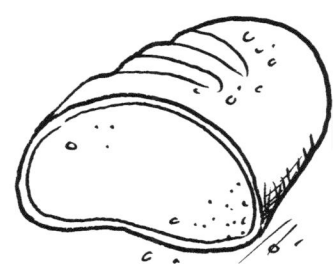

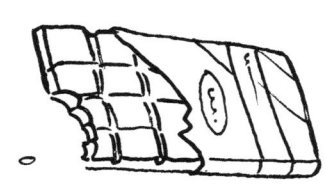

Am liebsten esse ich:

So aß man früher

Schreibe diese Wörter in die passenden Lücken:

gab, lagen, war, aß, konnte, lernten, kannten, süßten

Vor sechzig Jahren _____ man in unserem Land viele Kartoffeln.

Die Römer _____ beim Essen.

Ketchup _____ die Leute vor hundert Jahren noch nicht.

Fisch _____ schon immer die Hauptspeise der Seefahrer.

Vor 2000 Jahren _____ die Leute ihr Essen mit Honig.

Lakritze _____ es schon zur Zeit unserer Grosseltern.

Kaugummi _____ die Leute vor gut fünfzig Jahren von den Amerikanern kennen.

So viele verschieden Speisen wie heute _____ man noch nie kaufen in den Läden.

So ass man früher

Schreibe diese Wörter in die passenden Lücken:

gab, lagen, war, ass, konnte, lernten, kannten, süssten

Vor sechzig Jahren _____ man in unserem Land viele Kartoffeln.

Die Römer _____ beim Essen.

Ketchup _____ die Leute vor hundert Jahren noch nicht.

Fisch _____ schon immer die Hauptspeise der Seefahrer.

Vor 2000 Jahren _____ die Leute ihr Essen mit Honig.

Lakritze _____ es schon zur Zeit unserer Grosseltern.

Kaugummi _____ die Leute vor gut fünfzig Jahren von den Amerikanern kennen.

So viele verschieden Speisen wie heute _____ man noch nie kaufen in den Läden.

Lernort 8: Es wird wieder wärmer — AB 8/9

Tiere im und am Wasser

Ein Wassertropfen erinnert sich ...

Ich war ganz leicht. Mit den anderen Wassertropfen zusammen war ich eine Wolke.

Ich wurde schwer und fiel als Regentropfen auf die Erde.

Ich floss zusammen mit vielen anderen Tropfen als Bach bis zu einem See.

Wir wurden gereinigt, damit die Menschen uns trinken können.

Manche von uns wurden getrunken. Ich floss weiter.

In einem langen und breiten Fluss kam ich bis zum Meer.

Dort wärmte mich die Sonne, bis ich wieder ganz leicht wurde und in den Himmel hinauf schwebte.

Lernort 8: Es wird wieder wärmer — AB 8/11

Mein Wasser-Erlebnis:

Als ich _____ Jahre alt war,

Lernort 9:
Die Schatzsuche – Didaktische Wegleitung

Wortschatz

Nomen:
die Belohnung, der Beweis, die Erinnerung

Verben:
lösen, suchen, verstecken*

Redewendungen:
Gut gemacht! Viel Vergnügen!

Grammatik

- Wiederholung aller Themen
  (Übersicht siehe S. 10)

Vorschlag zur Unterrichtsgestaltung (mind. 5 Lektionen)

Kapitel 9 besteht aus einer Reihe von 8 Erinnerungsaufträgen. Sie geben der Lehrperson und den Kindern einen Überblick über das Gelernte.

Bei schnellen, selbstständigen Kindern besteht die Möglichkeit, in jeder Lektion von jedem Kind die Erinnerungsblätter zu 2 Lernorten absolvieren zu lassen. Die Aufträge können aber auch in gemeinsamer Arbeit mit der Lehrperson bearbeitet werden, was bestimmt mehr Zeit in Anspruch nehmen wird.

Mit den Erinnerungsblättern werden alle behandelten Grammatikthemen und der jeweilige Wortschatz des entsprechenden Lernorts wiederholt.

Die Lösungen zu allen Aufgaben finden sich auf der Seite 166. „Die Schatzsuche – Lösungen"

Lernort 9: Die Schatzsuche

1. Lektion – Erinnerungen 1 und 2

Brief 2:
Die Lehrperson zeigt wie zu Schuljahresbeginn einen Brief (Brief 2), den sie von der Eule Martha bekommen hat. Die Kinder dürfen ihn öffnen, die Lehrperson liest ihn vor. Unbekannte Wörter werden dabei gleich geklärt, damit alle Kinder den Inhalt verstehen.

> Material: Kopie Brief 2 und alle kopierten Erinnerungsblätter (AB 9/1 bis AB 9/8 – evtl. auf 4 Blätter beidseitig bedruckt) in einem A4-Briefumschlag.

Erinnerungsblätter:

Erinnerung 1
„Das Buchstabentor zur Insel": Wortschatz „Schatzkarte"; Grammatik: Nomen im Plural

1. Kl.: Die Kinder zählen und schreiben: 1 Sonne, 5 Bananen...
2. Kl.: Die Kinder schreiben kurze Sätze: Hier gibt es eine Sonne. Ich sehe 5 Bananen.

Erinnerung 2
„Unsere Schule": Wortschatz „Schule"; Leseverstehen; Grammatik: Befehlsform des Verbs

1. Kl.: Die Lehrperson liest den Text unten zuerst mit den Kindern gemeinsam durch.
2. Kl.: Die Kinder lösen das Blatt selbstständig.

2. Lektion – Erinnerungen 3 und 4

Erinnerung 3
„Familien": Wortschatz „Familie"

1. Kl.: Die Lehrperson schreibt die Lösungswörter an die Wandtafel. Die Kinder suchen diese Wörter im Buchstabengitter.
2. Kl.: Die Kinder suchen die Namen der Familienmitglieder selbstständig.

Erinnerung 4
„Auf dem Bauernhof": Wortschatz „Herbst/Bauernhof"; Hörverstehen; Grammatik: Steigerungsformen des Adjektivs

Track Nr.10-12 (Wortlaut auf Lösungsblatt (S. 166)
1. Kl.: Die Kinder hören jeden Auftrag mehrmals – erst dann wird gezeichnet.
2. Kl.: Die Kinder hören den Text und zeichnen das Gehörte auf.

3. Lektion – Erinnerungen 5 und 6

Erinnerung 5
„Weihnachten": Wortschatz „Weihnachten"; Leseverstehen; Grammatik: Präpositionen

1. Kl.: Die Lehrperson liest den Text und die Lückensätze mit den Kindern gemeinsam durch. Die Kinder füllen die Lücken aus.
2. Kl.: Die Kinder lösen das Blatt selbstständig.

Erinnerung 6
„Unsere Sinne": Wortschatz „Sinne"; Grammatik: Adverbien, Konjunktionen

1. Kl.: Die Lehrperson liest die Sätze mit den Kindern gemeinsam durch. Die Kinder streichen die Wörter, die zuviel sind, durch.
2. Kl.: Die Kinder lösen das Blatt selbstständig.

4. Lektion – Erinnerungen 7 und 8

Erinnerung 7
„Bauen": Wortschatz „Bauen"; Leseverstehen; Grammatik: Fragewörter

1. Kl.: Die Lehrperson liest die Sätze unten mit den Kindern gemeinsam durch. Nach jedem Satz tragen die Kinder die Lösung ins Kreuzworträtsel oben ein.
2. Kl.: Die Kinder lösen das Blatt selbstständig.

Erinnerung 8
„Früher und jetzt": Wortschatz „Frühling"; Hörverstehen; Grammatik: Vergangenheitsformen

Track Nr. 13 (Wortlaut auf Lösungsblatt (S.166);
1. Kl.: Die Lehrperson spielt einen Satz von CD vor, die Kinder suchen die Situation auf dem Blatt. Erst nach dem zweiten Mal hören wird entschieden, wo das Kreuz hinkommt.
2. Kl.: Die Lehrperson spielt die Sätze vor, die Kinder setzten beim richtigen Bild das richtige Kreuz.

5. Lektion – Schatzsuche

Brief 3:
Die Lehrperson hat den dritten Brief von Martha bekommen. Sie oder ein Kind liest ihn vor.

> Material: Kopie Brief 3, angepasst an die örtlichen Bedingungen.

Schatzsuche:
Die Kinder suchen den Schatz, dieser wird fair unter allen aufgeteilt.

> Material: „Schatzkiste" (Behälter) und Schatz, der aufteilbar ist. Denkbar als Belohnung sind Süßigkeiten, für jedes Kind ein einfaches Büchlein, tolle Stifte und Hefte, Luftballons, für jedes Kind ein kleines Spiel etc.

Lernort 9: Die Schatzsuche – Brief 2

Liebe Klasse!

Frau / Herr ... hat mir eure Schatzkarten gezeigt. (Fast) alle weißen Stellen sind weg. Dafür kleben dort Erinnerungsbilder. Das sind die Beweise: Ihr wart an allen acht Orten!

Bestimmt habt ihr euren Sprachschatz vergrößert. Aber bevor ihr zur Belohnung den von mir versteckten Schatz suchen dürft, habe ich euch zu jedem Ort, an dem ihr wart, ein Erinnerungsblatt zusammengestellt. Wer zeigen kann, dass sein Sprachschatz gewachsen ist, darf bei der Schatzsuche mitmachen. Die acht Aufträge liegen auch in diesem Briefumschlag. Bestimmt wisst ihr noch, was ihr an den einzelnen Orten gelernt habt!

Frau / Herr ... kann mir dann sagen, wann es so weit ist. Dann gebe ich euch einen Tipp, wo ihr den Schatz suchen müsst!

Viel Glück beim Erinnern wünscht euch

Eure

Eule Martha

Lernort 9: Die Schatzsuche – AB 9/1

Erinnerung 1: Das Buchstabentor zur Insel

Schreibe unten auf, was du hier siehst:

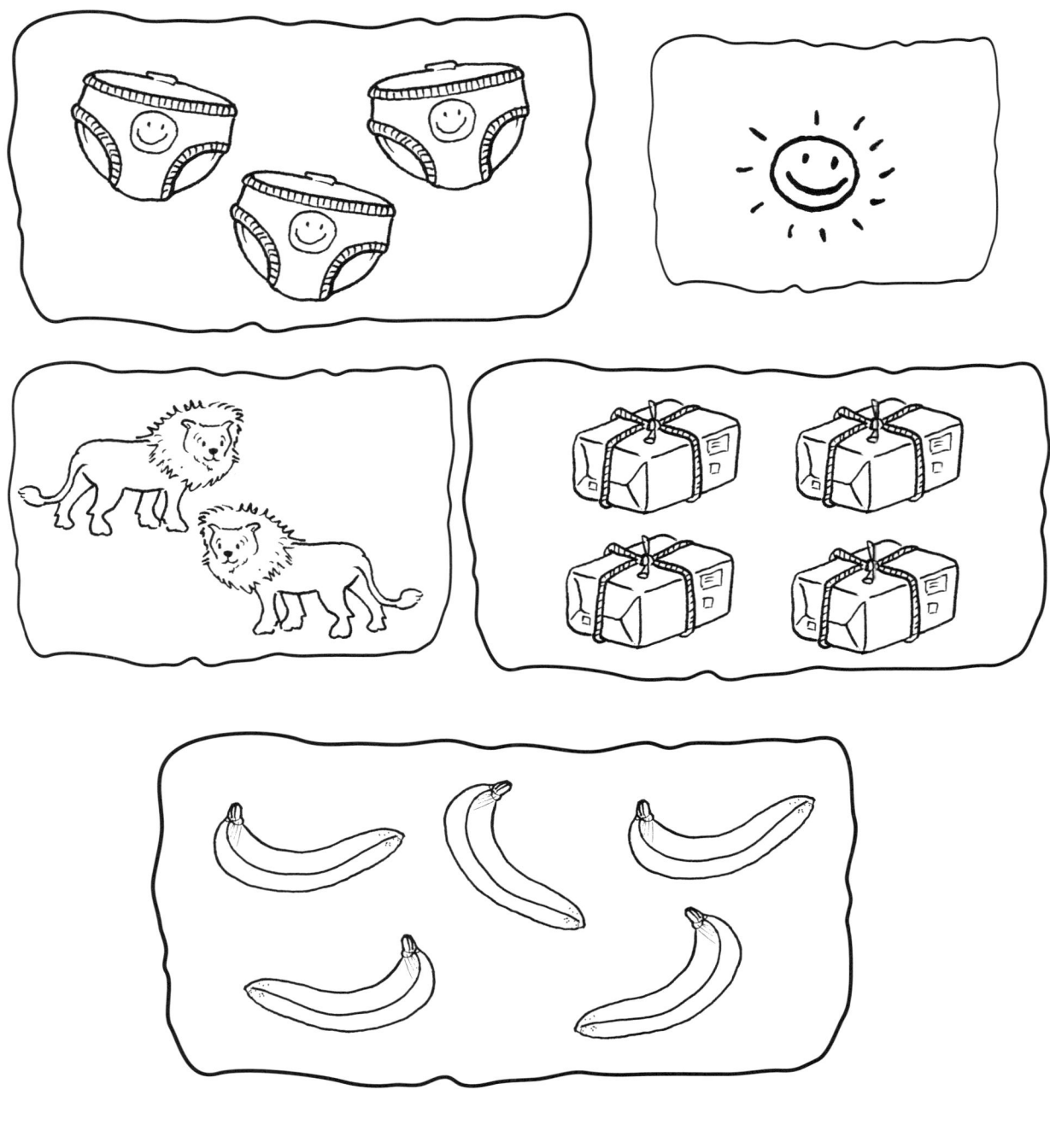

Lernort 9: Die Schatzsuche – AB 9/2

Erinnerung 2: Unsere Schule

Das ist dein Klassenzimmer. Zeichne deinen Weg ein!

Am Anfang stehst du bei der Wandtafel.

Geh zum Bleistift, der auf dem Boden liegt!

Nimm ihn und leg ihn auf den Tisch, an dem die Kinder die Zahlen üben!

Öffne das Fenster und geh dann zum Computer!

Arbeite dort ein Weilchen und geh dann zur Garderobe. Nimm deine Jacke und geh nach Hause.

Lernort 9: Die Schatzsuche – AB 9/3

Erinnerung 3: Familien

9 Personen aus einer Familie findest du hier versteckt.

M	N	O	M	E	D	N	S	O	H	N	I	A
M	W	P	N	U	R	I	G	N	L	A	W	T
U	O	A	T	R	O	U	B	K	T	O	M	A
T	L	A	T	O	C	H	T	E	R	E	N	N
T	G	Q	S	E	H	O	R	L	H	R	D	T
E	Y	A	C	M	E	R	V	A	T	E	R	E
R	E	S	C	H	W	E	S	T	E	R	E	L

Lernort 9: Die Schatzsuche — AB 9/4 — Track 10-12

Erinnerung 4: Auf dem Bauernhof

Zeichne, was du hörst!

1)

2)

3)

Erinnerung 5: Weihnachten

Setze diese Wörter ein:
Auf, Zwischen, Hinter, Rechts, Unter

_____ dem Christbaum liegt ein Paket.

_____ neben dem Christbaum steht ein Tisch.

_____ dem Tisch gibt es eine Kerze und einen Teller mit Nüssen.

_____ der Kerze und den Nüssen liegen drei Äpfel.

_____ dem Tisch steht ein Mädchen.

Erinnerung 6: Unsere Sinne

Welches Wort ist zuviel? Streiche es durch.

1) Mit meiner Zunge kann ich hören schmecken.

2) Mario spürt und die warme Sonne auf seiner Haut.

3) Wen hast du zuerst gesehen – den Hund oder und den Hahn?

4) Ich rieche das feine warme Parfüm.

5) Mete und Chris hören das Blöken der Schafe von auch weitem.

Erinnerung 7: Bauen

1) ☐☐☐☐
2) ☐☐☐☐☐☐☐☐
3) ☐☐☐☐☐☐☐
4) ☐☐☐☐
5) ☐☐☐☐☐
6) ☐☐☐
7) ☐☐☐☐☐☐☐☐
8) ☐☐
9) ☐☐☐

Lösung: Ihn braucht der Maurer für seine Arbeit:

☐☐☐☐☐☐☐☐☐

1) Was macht Henry? Er _____ mit Klötzen einen Turm.

2) Wie heißt der Mann, der den Bau eines Hauses plant?
   Es ist der _____ .

3) Welches Gerät steht auf dem Schreibtisch vom Architekten?
   Es ist der _____ .

4) Wo bereitet Mama das Mittagessen vor? In der _____ .

5) Wann bist du fertig mit deiner Arbeit? Erst in einer _____ .

6) Wer hat die _____ geöffnet?

7) Wen rufst du an, wenn das Licht nicht mehr funktioniert? Ich rufe den
   _____ an.

8) Wen siehst du dort? Ich sehe den Maler, wie er den Pinsel _____
   die Farbe taucht.

9) Warum wollt ihr die Wohnung wechseln? Jetzt ist unsere Wohnung alt.
   Die nächste Wohnung ist _____ .

Erinnerung 8: Jetzt oder früher?

Höre gut hin und kreuze an: Passiert das jetzt oder passierte das früher?

Lernort 9: Die Schatzsuche – Lösungen

Lösungen zu den Erinnerungsblättern:

Erinnerung 1:
1 Sonne, 5 Bananen, 3 Unterhosen, 2 Löwen, 4 Pakete

Erinnerung 2:

Erinnerung 3:
SOHN, TOCHTER, ONKEL, OPA, SCHWESTER, TANTE, OMA, MUTTER, VATER

Erinnerung 4:

 Wortlaut von Track Nr. 10-12 „Zeichne, was du hörst!":

1. Zeichne einen großen Apfelbaum. / Zeichne einen kleineren Baum dazu. / Es ist ein Birnbaum. / Zeichne einen dritten Baum, es ist der kleinste. / Am kleinsten Baum hängen keine Früchte.

2. Zeichne einen Stall. / Das kleinste Tier im Stall ist eine Maus. / Das größte Tier im Stall ist ein Kalb. / Es gibt noch eine Katze im Stall.

3. Zeichne zwei Teller. / Auf dem linken Teller liegt eine dicke Wurst. / Auf dem rechten Teller liegen drei Würste. Die sind dünner.

Erinnerung 5:
- Unter dem Christbaum liegt ein Paket. - Rechts neben dem Christbaum steht ein Tisch.
- Auf dem Tisch steht eine Kerze und ein Teller mit Nüssen. - Zwischen der Kerze und den Keksen liegen drei Äpfel.
- Hinter dem Tisch steht ein Mädchen.

Erinnerung 6:
1) hören, 2) und, 3) und, 4) warme, 5) auch

Erinnerung 7:
1) BAUT, 2) ARCHITEKT, 3) COMPUTER, 4) KÜCHE, 5) STUNDE, 6) TÜR, 7) ELEKTRIKER, 8) IN,
9) NEU Lösungswort: Backstein

Erinnerung 8:

 Wortlaut von Track Nr.13 „Was passiert jetzt, was passierte früher?":

1) Yorick fischt. (jetzt)
2) Lydia aß süße Datteln. (früher)
3) Tommy ist auf einen Baum geklettert. (früher)
4) Seraina schwamm im See. (früher)
5) Luca füttert die Vögel. (jetzt)
6) Alessya liegt auf ihrem Bett. (jetzt)
7) Jasmin fährt Ski. (jetzt)
8) Greg hat seinen achten Geburtstag gefeiert. (früher)

Lernort 9: Die Schatzsuche – Brief 3

Liebe Klasse!

Da haben wir den Beweis: Euer Sprachschatz ist auf dem langen Weg gewachsen – das zeigen eure gelösten Erinnerungsblätter. Gut gemacht!

Zur Belohnung dürft ihr jetzt den Schatz suchen, den ich euch versteckt habe. Er gehört allen Schatzsuchern gemeinsam. Aber wer ihn wohl findet ...?

Der Schatz befindet sich in ... (z. B. einer blauen Schachtel). ... (Die blaue Schachtel) befindet sich ... (z. B. in diesem Schulzimmer, auf dem Pausenplatz, im Park neben dem Schulhaus).

Viel Vergnügen bei der Schatzsuche!

Eure
Eule Martha

5. Weiterführendes Material

Die Sprachschatzkarte lehnt sich thematisch an eine Auswahl der Werkstätten des Schreib- und Leselehrmittels „Anton und Zora" an. Es wurden die Themen ausgewählt, die von auf der Unterstufe sehr häufig behandelt werden, da der DaZ-Unterricht in einem engen Bezug zum sonstigen Unterricht stehen sollte.

Wer sich mit seiner Lerngruppe tiefer in ein Thema einlassen will als in der Sprachschatzkarte vorgesehen oder Zusatzmaterial für schnelle Kinder sucht, dem seien folgende Werkstätten empfohlen:

- zu 4.2. Unsere Schule: Zora-Werkstatt „In der Schule"
- zu 4.3. Zu Hause: Anton-Werkstatt „Ich und meine Familie"
- zu 4.4. Herbstausflug zum Bauern: Zora-Werkstätte „Auf dem Bauernhof", „Im Herbst", Anton-Werkstatt „Der Apfel"
- zu 4.5. Hell und Dunkel: Anton-Werkstätten „Weihnachten", „Licht und Schatten", evtl. Zora-Werkstatt „Die Sterne"
- zu 4.6. Sehen, Hören & Co.: Anton-Werkstatt „Meine Sinne"
- zu 4.7. Bauklötze und Backsteine: Zora-Werkstatt „Bauen und konstruieren"
- zu 4.8. Es wird wieder wärmer: Zora-Werkstätten „Im Frühling", „Wasser", Anton-Werkstatt „Gesunde Ernährung"

Die Werkstätten bieten vielerlei Möglichkeiten, die Kinder selbstständig an diesen Themen auf unterschiedlichen Sprach-Niveaus arbeiten zu lassen. Nebst Schreib- und Leseaufträgen werden Lieder, Gedichte, Spiele, vertieftes Sachwissen, Differenzierungsaufgaben und vieles mehr angeboten.

Der Wortschatz der Sprachschatzkarte passt zu den Werkstätten, damit eine ergänzende Arbeit sinnvoll ist.

Alle Werkstätten sind bei Schubi Lernmedien erschienen.